뇌를 들여다보니
마음이 보이네

가정의학과 의사가 전하는
뇌과학으로 마음 읽기

뇌를 들여다보니
마음이 보이네

이상현 지음

이제 뇌에서 벗어나
세상과 마음을 바라볼까요

궁금했습니다. 작은 뇌가 무엇이기에 나를 규정하고 나의 행동을 이끄는지. 뇌의 어느 부분이 그러한지 궁금했습니다. 뇌를 공부하다 보면 인간과 세상을 이해할 것이라고 생각했습니다.

알 것 같았습니다. 영역별 뇌 지도를 알면 뇌를 이해할 수 있으리라 여겼습니다. 오랜 세월 변화와 축적 과정을 거친 뇌의 층층 구조를 들여다보니 사람의 행동을 이해할 수도 있을 것 같았습니다. 오른쪽 뇌와 왼쪽 뇌에서 무슨 일이 일어나는지 점차 알게 되니 그 차이가 재미있었습니다. 앞쪽 뇌에서 어떻게 나를 이끄는지 작은 그림이 그려지더군요. 뇌의 깊은 중심에서 기억은 어떻게 형성되는지 가닥이 잡힐 듯했습니다.

하지만 아니었습니다. 뇌는 각각의 점이나 영역이 아니었습니다. 뇌는 무수히 연결된 선이고, 그 선은 서로서로 연결되어 거대한 네트워크를 형성하고 있더군요. 나라는 존재가 세상의 한 점으로 다른 점들과 연결되듯이, 뇌도 그렇게 연결되어 있는 작은 우주였습니다.

작은 뇌 안을 들여다볼 것이 아니라 그 작은 뇌에서 벗어나 우리의 세상과 그 마음을 바라봐야겠다는 생각이 들었습니다. 피부라는 얇은 경계 안에 있는 나라는 존재에서 벗어나 너와 어떻게 연결되어 세상을 이루는지 알고 싶었습니다.

이 책은 제가 밟았던 그 길에서 나와 연결된 이와 나누고 싶어 세상에 내놓습니다. 공연히 귀한 나무 없앴다고 꾸짖을 이도 있겠지요. 하지만 함께 걸어가며 이야기 나눌 이도 넓은 세상에 누군가 있을 것입니다. 그분들과 담소하며 걷고 싶습니다. 당신이 그분이라면 더욱 좋겠고요.

책의 첫 장을 넘기면 우선 뇌를 들여다봐야겠지요. 긴긴 시간의 흐름이 지금 나의 뇌에 어떻게 층층이 남아 있는지 함께 보시지요. 그 뇌 속 어느 곳에는 악어도 강아지도 인간도 녹아 있더군요. 삼층석탑과 같은 뇌의 층층 구조를 그려보니 별것 아닌 것에 버럭 화내고 있는 우리의 모습도 고개가 조금씩 끄덕여집니다.

삼층석탑을 구경하셨다면 뇌의 중심으로 들어가 볼까요. 사실 저는 저의 믿지 못할 기억 때문에 뇌에 관심을 두게 되었습니다. 점차 잊혀가는 기억은 어디에 있을까, 뇌를 들여다보면 그 비밀을 알 수 있지 않을까 하는 순진한 생각에서 시작된 일입니다. 그 기억은 뇌의 깊은 중심에 자리 잡고 있더군요.

뇌의 중심에서 나와 보면 뇌가 하나가 아니라 두 개라는 것이 보입니다. 사회가 좌우로 나뉘어 있듯이 뇌도 좌우는 너무 다른 입장이었습니다. 적과의 동침처럼 다른 두 뇌가 교량 하나 걸치고 서로 연결되어 공존하고 있더군요.

왼쪽 뇌는 이성적이고 생각이 복잡해 보였습니다. 생각은 사실 내가 아닌데 생각이 스스로 주인 행세를 하려고 해서 문제를 일으키기도 하지요. 생각을 나의 주인이 아닌 손님처럼 대하고 나니 생각에서 조금은 자유로워졌습니다.

이제 오른쪽 뇌를 볼까요. 오른쪽 뇌는 평온한 마음을 대하는 듯합니다. 복잡한 일상에서 나와 고요함과 평온함을 오른쪽 뇌 이야기에서 나눠보시지요.

좌우측 뇌를 보았으니 앞을 보실까요. 앞쪽 뇌는 앞에 자리 잡고 있어서인지 우리 사회의 리더와 같은 역할을 합니다. 리더는 항상 여러 갈래 길 중에서 하나의 길을 선택해야 하지요. 그 선택한 길을 가면서 우리는 조금씩 성장하고 성숙해갑니다.

그러고 보니 뇌를 동서남북으로 들여다보았군요. 이제 작은 뇌를 벗어나 볼까요. 뇌를 벗어남은 나를 벗어나는 것이군요. 피부라는 테두리 안에 갇힌 나에게서 벗어나 흐르는 삶 속에서 너를 만나야지요. 작은 뇌에서 벗어나 넓은 마음의 세계를 들여다보면 이 책의 마지막 장에 이를 겁니다.

작은 뇌를 벗어날 준비가 되었나요. 그럼 떠나볼까요.

| 차 례 |

6장 나의 뇌를 벗어나서 ‘나와 마음’

1장

✦

뇌는 긴 세월
어떻게 변했을까

뇌의 세 단계

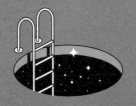

생명은 어디에서 시작되었을까.

바다 앞에 서 있는가.
바닷바람이 시원하게 불어오고
짭짤한 바다 내음이 난다.

산에 올랐는가.
풀과 나무 그리고 움직이는 생명체들
바람과 함께 산 향기를 맡는다.

여러 생명이 살아간다.
물고기에서 파충류를 거쳐 포유류에 이르기까지
그 긴 여정이 인간의 작은 뇌에 겹겹이 쌓여 있다.

여보, 그 사람 있지?

"그 사람 있지?"

"누구?"

"왜 있잖아. 최지우 파트너로 나왔던, 일본에서 인기 있는 남자 배우."

"이병헌?" (아내는 이병헌을 참 좋아합니다.)

"아니, 〈가을동화〉인가 〈겨울연가〉인가 찍었던 배우 말이야. 요새 머리도 길게 기르고….."

"아하. 배용준!"

"그래. 인터넷 신문을 보니 배용준이 촬영 도중….."

아내에게 배용준 이야기를 전해주려 하면, 저는 이런 절차를 밟게 됩니다. (사실 〈가을동화〉에는 최지우도 배용준도 나오지 않지요. 하지만 저는 그 두 드라마가 항상 헷갈립니다.) 그래도 이렇게 제가 말하고자 하는 사람의 이름을 아내가 미리 알아서 말해 주면 그나마 우리 부부의 대화는 이어집니다.

간혹 이렇게 대화가 이루어집니다.

"그 커플 있지?"

"누구?"

"작년에 결혼한 커플."

"아하, 그 커플. 그 커플이 왜?"

"그 커플이 헤어진대."

"그래? 꽤 잘 산다고 들었는데…."

이야기를 나누다 보면 가끔은 제가 말하는 커플과 아내가 말하는 커플이 같은 커플일까 의심스러울 때도 있지요.

영화 〈황산벌〉에서 백제 의자왕이 계백 장군에게 이렇게 말합니다. "계백아, 니가 거시기해야 쓰것다." 그 말을 계백은 잘도 알아듣습니다. 우리 부부가 전라도 출신이었다면, 우리는 주로 이렇게 대화했겠지요. "거시기 있잖아." "응, 그래. 거시기…." "거시기가 거시기했대." 우리의 대화 중에 고유명사가 점차 사라지고 대명사로 대체되면서 저는 치매를 걱정하고 있었습니다.

왜 이렇게 기억이 안 나는 걸까? 환자들 이름도 생각이 나지 않고, 고생하는 전공의들 이름도 잊어버리고, 실습 나온 학생들 이름은 아예 기억할 엄두가 나지 않습니다. 심지어 오랜만에 만난 친구들 이름도 기억이 안 나는 경우가 저를 곤혹스럽게 만들지요.

제 기억력에 점차 자신이 없어지는 어느 시점에 잠시 해외 연수라는 시간이 주어졌습니다. 이때부터 평소에 관심을 둔 노인의학과 더불어 치매를 공부하기 시작했지요. 치매를 선택한 첫 번째 이유도 사실 제 노인 환자를 보기 위한 것에 앞서 제 기억력이 걱정되어서입니다. 제가 알고 싶은 것은 '나의 기억이 도대체 어디에 숨어 있는 것일까' 하는 것이었지요. 뇌 어디인가에 있을 텐데, 그곳을 안다면 잊힌 기억을 찾아내는 데 도움이 되지 않을까 하는 순진한 생각을 했습니다.

관심을 두고 공부를 하다 보니 많은 사람이 이에 대해 알고자 노력했고, 최근에 어떤 것들은 새롭게 정리되는 분야가 있다는 것도 조금은 맛볼 수 있었습니다. 물론 뇌는 인간이 결코 전부를 이해하기는 어려운 세계라는 느낌이 점차 들기도 하지요. 지금 아는 눈곱만한 지식조차 몇 년 후에는 틀렸다고 판명될지 모르지만, 그래도 현재까지 우리 인간이 이해하는 기억과 뇌의 세계를 들여다보는 것은 흥미로운 일이었습니다.

공부하면서 만난 여러 환자들 그리고 똑똑한 대가들의 잘 정리된 책과 자료들을 접하면서 이에 대한 이해가 조금은 넓어졌습니다. 당연히 제가 아는 것은 뇌와 기억의 세계 중 극히 일부분이겠지만, 혹시 알겠어요, 저처럼 기억 때문에 고민하는 사람에게 조금이라도 도움이 된다면 정말 이 글을 시작하는 이유는 다한 것이겠지요.

여러분도 혹시 저처럼 '거시기 대화'에 접어들었나요? 그렇다면 함께 우리의 못 믿을 기억과 뇌의 세계에 한번 들어가 보시지요.

삼층석탑과 뇌의 진화

학창 시절에 경주로 수학여행을 가면 불국사는 꼭 들렀습니다. 불국사 대웅전 앞뜰에는 두 탑이 있지요. 다소 밋밋하지만 남성스러운 석가탑과 화려한 모양을 뽐내는 다보탑이 있지요.

이렇게 모양이 다른 두 탑이 한 마당에 있게 된 데는 《법화경》에 그 근거를 둔다고 해요. '현재의 부처'인 석가여래釋迦如來가 설법하는 것을 '과거의 부처'인 다보불多寶佛이 옆에서 옳다고 증명하기 위해서라는 겁니다. 석가탑은 현재의 부처인 석가여래를, 다보탑은 과거의 부처인 다보불을 의미하는군요.

웬 석가탑, 다보탑 이야기냐고요? 우리 뇌를 이해하는 데는 수억 년간 발달해온 뇌의 층층 구조에 대한 이해가 도움이 됩니다. 우리의 행동을 보면 어떤 때는 참 이성적인데 어떤 때는 감정에 치우치기도 하지요. 간혹 본능을 이기지 못해서 문제를 일으키기도 하고요. '왜 내가 마음먹은 대로, 계획한 대로 되지 않는 걸까?' 괜히 자책하기도 하지만, 너무 그러지 마세요. 우리 뇌가 그렇게 긴 세월을 걸쳐 조금 복잡하게 층층 구조로 발달해 와서 그런 것이니까요.

혹시 석가탑을 삼층석탑이라고 부르는 게 이상하지 않나요? 석가탑을 보면 더 여러 층 같은데 말이죠. 맨 밑바닥을 기단이라 해서 층에 두지 않지요. 우리의 뇌도 기단부터 1, 2, 3층을 훑어보려 해요. 그래서 인간의 뇌가 되기까지 긴 세월 동안 어떤 변화들이 이 뇌를 이루고 있는지 알아보면 우리 뇌 속의 각 층에 겹겹이 숨어 있는 파충류의 속성도 포유류의 속성도 들여다볼 수 있겠지요. 그러면 우리의 행동이 왜 이렇게 일관성 없이 이루어지는지 조금은 이해가 될 것입니다.

지렁이 같은 더 원시적 형태의 무척추 생명체는 뇌가 따로 있지 않고 몸 전체에 신경조직이 퍼져 있다고 해요. 신기하지요. 그 신경조직이 조금 다발을 이루어 등에 모여 척수를 이룹니다. 그 척수라는 신경 다발을 보호하기 위해 등뼈가 생기면서, 척추동물이 지구상에 모습을 드러냅니다. 물고기 같은 척추동물은 척추 안에 척수와 함께 그 꼭대기에 신경센터로서 뇌가 형성되어 있지요.

괜히 복잡할 것 같다고요? 복잡한 이야기는 드릴 수 없어요. 왜냐하면, 제가 그렇게 복잡하게 말할 만큼 깊이 있고 세세하게 뇌를 이해하지는 못하니까요. 저의 뇌는 조금 단순한 편이거든요. 그러니 제가 하는 이야기도 단순하지요. 그냥 불국사의 석가탑을 구경한다고 생각하면서 뇌의 삼층석탑을 이해해 보세요. 앞으로 나올 물고기와 새끼 악어와 강아지를 보면서….

니모를 찾아서

'왜 나는 한 마리도 잡지 못하는 걸까?'

평소 낚시라고는 해 본 적이 없던 제가 군의관 시절에 백령도 옆의 작은 섬 대청도에 배치되었습니다. 그곳에서 가까이 지내던 면사무소 운전사 김씨 덕분에 바다낚시를 처음으로 해보게 되었지요. 한밤중에 깜깜한 절벽을 타고 내려와 물고기가 잘 잡힌다는 포인트에서 낚시의 고수 김씨와 함께 낚시를 던져 보았습니다. 결과는 여러분의 짐작 그대로입니다. 그의 낚시에는 우럭부터 다양한 물고기들이 잘도 낚였지만, 저의 낚시에는 그 흔하다는 노래미 한 마리 입질이 없었습니다. 결국 한 마리도 잡지 못하고 어둠 속에서 돌아오는 길에 발목을 크게 삐어서 한 달간 무척 고생한 것만이 저의 첫 번째 바다낚시의 기억으로 남아 있습니다.

두 번째 바다낚시 기억은 서해안의 작은 섬으로 학생들과 함께 의료봉사를 갔을 때였습니다. 돌아오는 날이 되어 짐도 다 정리했는데, 배가 도착할 시간이 꽤 남아 있었지요. 누군가 바다낚시를 제안했습니다. 작은 배를 타고 바다 한가운데에서 낚시한다는 게 꽤 그럴싸했지요. 그러나 두 번째 바다낚시에서도 물고기 한 마리 잡지 못하고, 뱃멀미로 생선회 한 점 제대로 못 먹은 기억밖에 없습니다.

두 번의 좋지 않은 경험 이후 저는 낚시를 거의 해본 적이 없습니다. '물고기가 나보다 머리가 좋아서 내 낚시에는 안 걸리는 걸까?'

적어도 물속에서는 나보다는 한 수 위로 보이는 물고기의 뇌를 생각하자니 애니메이션 영화 〈니모를 찾아서〉가 떠올랐습니다. 니모는 주황색 줄무늬를 가진 귀여운 아기 물고기의 이름이지요. 태어나기도 전에 엄마를 잃은 니모는 아빠에게 위험한 곳에는 근처도 못 가도록 과보호를 받지만, 니모는 잘난 척하고 안전지대를 벗어났다가 결국 인간에게 잡혀 먼 곳으로 가게 되지요. 사랑하는 아기 니모를 찾아가는 아빠 물고기의 이야기는 '도리'라는 건망증 심한 물고기를 만나면서 재미있게 전개됩니다. 도리는 건망증이 하도 심해 방금 들은 단어를 하나도 기억할 수 없지요. 하나도 도움이 되지 않을 것 같은 도리와 아빠 물고기가 아기 니모를 찾는 과정이 흥미롭게 펼쳐집니다.

이 영화에 나오는 물고기들은 사람을 뛰어넘는 여러 가지 기발한 아이디어들을 내지만, 물고기의 뇌는 실제로도 그리 좋은 편일까요? 뇌의 모양만 봐서는 그래 보이지 않습니다. 생명의 탄생은 물에서부터 시작되어 진화되었다고 하니, 물고기는 그런 면에서 역사가 가장 오래된 척추 생명체 중 하나일 것입니다. 그러므로 물고기의 뇌는 가장 기초적 형태의 작고 단순한 모양을 가지고 있습니다. 등에 있는 척수 끝에 조금 뭉툭해진 정도라 할까. 깃발을 거는 깃대의 동그란 깃봉 모양과 흡사하지요.

환자들을 진찰할 때 가끔 신경 검사를 위해 무릎을 작은 고무망치로 '탁' 쳐보면 의식도 없이 다리가 움직이는 무릎 반사가 일어납니다. 이 반사는 뇌까지도 가지 않고 척수 차원에서 일어나는 무의식적 반응이지요. 물고기의 뇌는 이 기본 반사를 하는 척수라는 신경 다발이 조금 뭉툭해지면서 진화된 형태라고 할 수 있지요.

앞의 글에서 석가탑 이야기를 했지요. 그 석가탑의 맨 밑 구조를 이루는 기단이 물고기의 뇌에 해당합니다. 그 위의 삼층석탑에 해당하는 부분은 다음에 나올 새끼 악어와 우리 집 강아지와 〈워낭소리〉의 소 등을 통해 이야기해 드릴게요.

인간으로 살면서 누가 자신을 '톡' 건드렸다고, 한순간 망설임도 없이 발차기가 '퍽' 하고 나온다면 조건반사와 다를 바 없겠지요. 뇌가 전혀 없는 사람의 행동처럼 보입니다. 물고기의 뇌는 비록 작지만 무의식적으로 반응하는 척수보다는 한 단계 높은 수준이니, 물고기보다 못한 행동일 것입니다. 그러나 가끔은 우리 주변에서 척수만 가지고 사는 사람을 만나기도 하니 뇌를 가진 인간으로서 당혹스럽지요.

새끼 악어와 미녀 리포터

방금 알에서 깨어난 새끼 악어를 들여다보던 그녀는 정말 큰일 날 뻔했습니다. 이야기는 이렇습니다.

몇 년 전, TV 여행 체험 프로그램에서 동남아시아의 한 악어 농장을 소개하고 있었지요. 이전에도 TV에서 악어에 관한 프로그램을 몇 번 본 적이 있지만, 흥미롭게도 이 프로그램에서는 알에서 막 부화된 새끼 악어를 보여줬습니다. 알에서 깨어난 새끼 악어는 다른 동물 새끼와 같이 악어이기 이전에 새끼로서 작고 귀여웠습니다. 아마도 저만 그렇게 느끼지는 않았나 봅니다. 그 프로그램을 진행하던 미녀 리포터는 손가락 크기의 작은 악어가 신기해서 자세히 보기 위해 얼굴을 가까이 대었지요. 그때였습니다. 새끼 악어는 그녀를 바로 공격했습니다. 순식간이었지요.

느린 동작으로 다시 보여준 영상에서 새끼 악어가 그녀의 코를 물려고 점프를 했고, 놀란 리포터가 아슬아슬하게 피하는 모습을 볼 수 있었습니다. 다행히 그 사건은 그녀가 새끼 악어의 좀 심한 기습 키스를 당한 수준으로 마무리되었지만, 하마터면 그녀는 얼굴에 큰 상처를 입을 뻔했지요.

충격이었습니다. 바로 귀여웠던 새끼 악어에 대한 생각이 바뀌었습니다. '그래, 악어는 새끼도 역시 악어구나.' 하지만 한번 입장을 바꾸어서 여러분이 막 알에서 깨어난 악어 입장이 되었다면 어떨까요. 악어는 알에서 깨어나면 오랜 세월 유전자에 박혀 있는 자기 종족의 모습을 만날 것이라 여기며 부화를 기다렸을 겁니다. 입은 기다랗고 명품 악어가죽으로 온몸이 덮여 있을 어미 악어의 모습을 그렸을지도 모릅니다. 그런데 알에서 깨어나 처음 만난 생명체가 자신과 같은 악어 종족과는 전혀 다르게 입도 길지 않고, 피부가 악어가죽으로 덮여 있지도 않고, 머리에는 검은 털이 나 있는 이상하게 생긴 괴물이었겠지요. 이때 새끼 악어가 할 수 있는 것은 뭘까요? 파충류의 본능적 뇌는 그때 두 가지 중 하나를 선택합니다. '싸울 것이냐, 피할 것이냐?' 이 새끼 악어가 선택한 것은 공격이었습니다.

악어와 같은 파충류의 뇌는 뇌간이나 소뇌처럼 본능적 요소에 관련된 부분이 뇌 대부분을 차지합니다. 뇌의 아래 척수 차원에서 일어나는 조건반사 반응은 어떤 자극이 주어졌을 때 한 가지 반응이 나타나지요. 이것과 비교하면 파충류 뇌의 본능적 반응은 공격이나 도망이냐의 두 가지 선택으로 나타납니다. 보통은 약해 보이는 놈에게는 공격을, 강해 보이는 놈에게는 도망을 선택하지요. 그러므로 어떤 자극이 왔을 때 싸울 것인지 피할 것인지 이분법적으로만 세상을 대하는 사람의 뇌는 파충류의 뇌 수준이 아닐까요. 그런 본능적 행동 반응은 알에서 갓 깨어난 새끼 악어도 합니다.

모든 것을 판단할 때 힘의 논리에 의한 행동, 특히 약자에 대한 배려 없는 무차별적 공격이나 약한 여성을 대상으로 한 성범죄 등도 파충류의 본능적 뇌 차원이지요. 만약 악어와 같은 인간을 만나게 된다면 어떻게 하시겠습니까? 조심해야 합니다. 본능 조절이 전혀 안 된다면, 철창 우리 속에 가두든가, 아니면 아프리카 늪지대로 돌려보내든가.

〈워낭소리〉의 늙은 소는 눈물을 흘렸을까

소의 눈물을 본 적이 있나요?

하품하면서 흘리는 눈곱 낀 눈물 말고, 정말 슬픔으로 흐르는 눈물 말입니다. 강아지의 미소를 본 적은요? 정말 즐거워서 짓는 미소 말이에요.

〈워낭소리〉라는 영화가 있지요. 늙은 소와 할아버지의 오랜 우정과 삶 그리고 죽음을 다룬 다큐멘터리 영화입니다. 이 영화에서 할아버지는 인생의 긴 시간을 소와 함께 농사지으며 살아갑니다. 시간이 흘러가며 할아버지도 늙고, 소도 함께 늙어갑니다. 허리가 꼬부라진 할아버지는 점차 힘에 부칩니다. 그런 할아버지를 슬프게 바라보는 소의 흐르는 눈물이 클로즈업되어 화면을 꽉 채우지요. 마지막 남은 힘까지 다 내놓고 먼저 세상을 떠나는 소의 모습을 할아버지도 하염없는 슬픔으로 바라봅니다.

몇 년 전 우리 집에 딸이 입양되었습니다. 조그만 그 아이는 말을 못하고 네 발로 걷습니다. 아, 진짜 딸애가 아니고 강아지 '마음이'입니다. 마음이는 우리 마음을 누구보다 더 잘 알아차리는 우리 집 귀염둥이지요.

어릴 적에 개를 골목길에서 만나면 쓰레기통 위에 올라가 그 개가 지나갈 때까지 떨고 있을 정도로 아내는 개를 무서워했답니다. 그런 아내가 아들 둘만 있는 삭막한 우리 집 분위기를 바꾸고 아이들 정서에도 많은 도움이 될 것이라는 저의 꾐에 넘어가 암컷 강아지를 어렵게 구해 키우게 되었지요.

강아지를 키우면서 우리 집에 논쟁이 하나 붙었습니다. '강아지도 웃는가?' 강아지도 웃는다고 하니 아내는 처음에는 피식 웃고 말았습니다. "강아지가 웃긴 뭘 웃어. 그냥 그렇게 보이는 것뿐이지." 개에게는 표정이 없다고 아내는 한동안 우겼습니다.

그러나 요즘 강아지에 폭 빠져 있는 아내는 강아지의 표정까지 읽고 있습니다. "얘가 스트레스 받아서 우울해 보여." "어, 정말 좋은가보다. 즐거운 표정이네." 집에 여자라고는 자기 혼자뿐이어서 아내는 강아지를 딸처럼 여기며 예뻐하고 있지요.

무뚝뚝한 남편과 아들과는 나눌 수 없는 그들만의 끈끈한 감정적 연대감을 아내는 강아지와 나누고 있는 듯이 보입니다. "지금도 강아지가 웃지 않는 것 같아?" 다시 물으면 아내는 대답은 안하고 강아지를 보며 미소만 짓습니다.

저는 소의 눈물을 믿습니다. 강아지의 미소를 믿는 것처럼. 왜냐하면 포유류에는 감정을 조절하는 역할을 하는 뇌가 자리 잡고 있기 때문이지요. 그것을 변연계라고 합니다. 파충류의 뇌를 1층이라고 한다면, 이 감정의 중추인 변연계는 그 위에 자리 잡고 있어 뇌의 2층이라 할 수 있습니다. 파충류는 1층에 자리 잡고 있는 본능 중심의 뇌로 평생을 살아갑니다. 그렇기 때문에 악어와 같은 파충류에게 감정적 요소는 거의 없을지 모릅니다. 이렇게 단정 짓는다면 파충류를 너무 무시하는 것일지 모르지만, 포유류와 비교하여 파충류의 상대적 뇌의 분포를 보면 그렇다는 것이지요.

우리는 포유류인 애완견과 감정 교류를 할 수 있습니다. 물론 도마뱀과 같은 파충류도 애완동물로 키우기도 하지만, 강아지를 키울 때 가질 수 있는 감정 교류와는 사뭇 다를 것입니다. 파충류의 1층 뇌와 포유류의 2층 뇌의 차이에서 오는 것이지요.

그러한 감정 교류가 가능하기 때문에, 개를 그렇게도 무서워하고 싫어했던 제 아내도 강아지를 친자식처럼 예뻐하나 봅니다. 〈워낭소리〉의 소와 할아버지의 애틋함으로 말이지요.

맨 위층에는 누가 살까

맨 위층에는 누가 살까요?

최근에 새로 지어진 아파트를 보면 꼭대기에 여러 가지 악센트를 주는 것이 유행인가 봅니다. 유명한 건설회사에서 자신의 건축 브랜드를 멋있게 나타내기 위해 고급 아파트 건물 꼭대기를 화려하고 특색 있게 장식하지요. 꼭대기만 멋있게 장식하는 것이 아니라, 맨 위층을 넓은 평수로 특별하게 꾸미기도 합니다. 펜트하우스라지요. 그러고 보니 대기업 CEO의 집무실도 대개 그 회사 건물 맨 위층에 있습니다. 거기에서 사업 계획을 세우고 각 부서에 지시를 내리지요.

우리의 뇌 맨 위층에는 무엇이 자리 잡고 있을까요? 맨 아래층에 본능 중심의 파충류의 뇌가 자리 잡고 있고, 그 위에 포유류의 감정뇌가 있다고 했지요. 인간의 뇌 맨 위층에는 대뇌피질이라는 이성의 뇌가 자리 잡고 있어서 기업의 CEO와 비슷한 역할을 합니다. 뇌의 대뇌피질은 주요 정보를 보고받고 생각을 정리해 지시를 내립니다. 이러한 대뇌피질의 발달이 인간 뇌의 특징입니다.

본능과 감정의 세계에서 이성의 새로운 차원으로 넘어가게 된 것이지요.

문제는 인간이 대뇌피질층만 가지고 있지 않다는 것입니다. 맨 아래층에 본능 중심의 포유류의 뇌가 간혹 인간의 폭력적 행동이나 성적 행위에 영향을 미칩니다. 이성적이기만 할 것 같은 사회 지도층 인사가 순간의 성적 본능을 억제하지 못하여 가십 거리가 되기도 하지요.

또한 포유류의 감정뇌가 간혹 우리를 감상에 젖게 합니다. 모범생으로 평생 살아오던 사람이 사랑에 눈이 멀어 부모의 뜻을 거슬러 모든 것을 버리고 한 여성과 새로운 길을 떠나기도 하지요. 이성적이기만 할 것 같은 인간이 어떤 때는 이렇게 감정에 휩싸여 비이성적인 결정을 내리기도 하고, 본능에 이끌려 엉뚱한 행동을 하기도 하지요. 이는 인간의 뇌가 대뇌피질로만 구성되어 있지 않고 본능뇌와 감정뇌를 포함한 삼층석탑과 같은 층층 구조로 연결되어 있기 때문입니다. 그러므로 이성과 감정, 본능이 어우러진 복잡한 인간 행동이 나오게 되지요.

대뇌피질이란 또 하나의 층을 맨 위에 가진 인간의 뇌. 그 대뇌피질층에서 나온 생각의 힘이 파충류의 본능과 포유류의 감정의 힘을 조절해 왔습니다. 인간은 파충류나 다른 포유류보다 다른 힘은 약하지만 삼층석탑의 맨 위층에서 나온 생각의 힘으로 이렇게 살아오게 된 것이겠지요. 그러나 잊지 마세요. 우리에게는 삼층석탑의 3층만 있는 것이 아니고, 1층과 2층도 함께 있다는 점을. 어쩌면 우리 뇌의 삼층석탑 구조를 제대로 이해하는 것이 우리 자신과 타인의 행동에 대한 이해의 폭을 넓히는 길이 될 수도 있겠지요.

2장

·✦·

뇌의 중심:
나의 기억은 어디에

기억과 감정

눈은 쉬지 않고 무엇인가를 본다.
그 장면 한 컷 한 컷
그 영상 필름들이
뇌의 중심으로 계속 던져진다.

그나마 눈은 감고 안 볼 수 있지만
귀는 그대로 열려 있다.
소리 파일은 영상 파일보다 크기는 작겠지만
쉬지 않고 뇌의 중심으로 전달된다.

무수히 뇌로 들어오는 장면과 소리는
눈과 귀로 입력되고
입과 손으로 출력된다.

기억과 느낌은
사라지고 남겨진다.

가장 중요한 것을 어디에 둘까

"여러분은 가장 중요한 것을 어디에 두나요?"

허허벌판에 휑하니 내어놓아 누군가 집어가기 좋게 방치해 놓으십니까? 아니면 집안 가장 깊숙한 곳에 잘 보관하십니까? 아마 집안 깊숙이 금고라도 있으면 꼭꼭 잘 싸서 그 속에 안전히 보관하려 하겠지요.

그런데 여러분에게 가장 중요한 것은 무엇인가요? 이런 질문은 가치관의 질문이니 사람들마다 다 다른 대답이 나오겠지요. 그럼, 질문의 폭을 좁혀서 여러분의 몸에서 가장 중요한 부위는 어디일까요? 팔, 다리, 위장, 심장, 뇌…. 어느 하나 중요하지 않은 것이 없겠지요.

우리 스스로 우리 몸의 중요도 우선순위를 고르기 어렵다면, 조물주가 어떻게 몸을 만들어 놓았는지 들여다보면 몸의 우선순위에 대한 실마리를 얻을 수 있을지 모르겠습니다. 우리 몸에서 어느 장기가 가장 튼튼한 보호장치로 둘러싸여 있나 한번 우리 몸을 들여다볼까요.

우리 몸속 여러 장기 중 유일하게 완벽한 금고로 둘러싸여 있는 장기가 바로 뇌입니다. 머리뼈라는 단단한 금고가 뇌를 사방팔방 둘러싸고 있지요. 아마도 뇌는 기억을 보관하는 두부같이 부드러운 신경조직으로 되어 있기 때문에 조물주가 특별히 단단한 캐비닛 속에 집어넣어 보호하려 했나 봅니다.

다른 장기는요? 다른 장기는 조금씩 차이가 있어 보입니다. 우리가 중시하는 심장이나 폐는 갈비뼈가 등부터 나와 앞쪽을 채우고 있는데, 갈비뼈는 새집처럼 얼기설기 여유 있게 구성되어 있습니다. 물론 머리뼈처럼 완벽하게 빈틈없이 둘러싸여 있지는 않지만, 심장과 폐는 뼈로 둘러싸여 있는 구조이지요.

위장이나 대장은 어떨까요? 소화기 관련 장기 가운데 간과 같이 갈비뼈로 일부 보호받는 장기도 있지만, 위장관은 대부분 뒤와 옆만 뼈로 보호받고, 앞부분은 훤하게 드러나지요. 반면에 팔다리는 뼈가 가운데 들어가 있어, 오히려 팔다리 근육이 그 뼈를 둘러싸고 있는 양상입니다.

이런 몸의 구조를 근거로 중요 장기를 배열한다면 뇌 〉심장 〉폐 〉소화기 〉팔다리 순이 아닐까요. 팔다리가 들으면 기분이 나쁠지 모르겠지만, 보호장치 구성을 중심으로 생각해 보면 이렇다는 말이지요.

아마도 인간에게 뇌는 가장 중요한 부분이라 특별 금고로 보안장치를 확실히 해 놓았나 봅니다. 이렇게 단단한 머리뼈 금고로 밀봉해 놓은 것도 모자라 뇌 구석구석 들어가는 통로, 즉 뇌혈관에도 철통 보안장치를 해 놓았지요. 뇌로 들어가는 혈관과 뇌 사이에 빈틈없는 '뇌혈관장벽'을 쌓아두어 뇌에 꼭 필요한 산소와 당분 등 주 에너지원만 통과시키고, 웬만한 다른 물질은 혈액을 통해 뇌로 유입되는 것을 원천 봉쇄했습니다. 이렇게 완벽한 차폐 구조는 뇌에 이상에 생길 경우 치료를 어렵게도 합니다. 가령, 세균에 뇌가 감염된 뇌염의 경우, 치료에 필요한 주사 항생제조차 뇌에 침투가 잘 되지 않아 고용량의 약물이 필요하며, 치료에 곤란을 겪기도 합니다. 단단한 머리뼈와 완벽한 뇌혈관장벽 시스템을 갖춘 뇌는 흡사 CIA 본부 중앙 벙커 같은 느낌입니다.

"나는 누구입니까?"

갑자기 이런 심오한 질문을 던지니 긴장되나요? 제가 수양을 깊이 한 것도 아니니, 저 자신도 이 질문에 정답을 내놓을 수는 없습니다. 하지만 내 팔이 나입니까? 예를 들면 한쪽 팔이 사고로 잘려 나갔다고 하여 내가 아닌가요? 물론 팔이 하나 없지만, 나라는 존재는 그대로 있습니다. 위암으로 위 절제를 했다면요? 그래도 나라는 존재는 그대로이지요. 폐암으로 한쪽 폐를 드러냈다 해도, 한쪽 눈을 사고로 잃었다 해도 내가 아닌 것이 아닙니다. 내 몸이 어떤 손상을 입어도 나는 그대로 나입니다.

하지만 뇌의 손상을 받아 나의 기억이 완전히 지워진 상태에서는 '나'라는 물질적 존재는 그대로 있지만, 이미 이전의 '나'라는 실체와는 다른 실체가 되어 있을지 모르지요. 나의 기억이 사라진다면 그것은 나의 정체성을 유지하는 밑바탕이 흔들리기 때문입니다. 그래서 아우구스티누스는 이렇게 말했나 봅니다. "나는 곧 나의 기억이다."

기억의 가장 중요한 역할을 하는 곳이 해마라는 뇌의 기억 센터입니다. 이곳은 단단한 금고로 둘러싸인 뇌에서도 가장 깊숙이 존재합니다. 그 위치가 참 절묘한 것이, 듣는 입력장치인 귀와 보는 입력장치인 눈에서 동시에 가장 가까운 위치에 있습니다. 이렇게 해마는 잘 보고 잘 듣도록 좋은 위치에 있으면서 가장 깊숙한 위치에 있지요. 아마도 조물주는 기억을 가장 깊숙이 안전한 곳에 보관하고 싶었나 봅니다.

기억. 우리 자신을 정의하는 가장 중요한 요소임에 틀림없습니다. 도둑맞지 않도록 단단한 금고에 잘 보관하세요.

해마는 바다에만 살까

해마를 보신 적 있나요?

바다 이야기를 다룬 만화영화에 자주 나오는 그 녀석 말입니다. 해마는 참 신기하게 생겼죠. 머리는 말처럼 생긴 데다 서서 물속을 다니는 것을 보면 이런 동물이 진짜 있기는 한 것일까 하는 생각이 들었습니다.

사실 저는 어릴 때 해마는 상상 속의 동물이라 생각했어요. 그렇게 이상하게 생긴 동물이 현실 세계에 있을 리 없다고 여겼기 때문이지요. 해마를 직접 본 것은 40대가 되어서입니다. 그것도 살아 움직이는 해마는 아니었습니다. 외국 여행 중에 바닷가에서 본 것인데, 해마를 그대로 말려 기념품으로 팔고 있더군요. 비록 박제였지만, 어릴 때부터 궁금했던 해마를 직접 만질 수 있다는 사실에 감격해서 바로 샀지요. 숙소로 돌아와 그 해마를 가족에게 보여 주며 아이들보다 더 좋아했습니다.

그 후 살아있는 해마를 직접 볼 수가 있었지요. 새로 생긴 수족관 한구석에 살아있는 해마가 물풀 사이로 헤엄치고 있더군요. 살아서 움직이는 해마를 보느라 그곳에서 오랜 시간 떠나지 못했던 기억이 있습니다.

그런데 해마는 바다에만 살고 있을까요. 해마는 바다뿐만 아니라 우리 머릿속에도 존재하지요. 기억에 관해 공부하다 보면 자주 나오는 뇌의 기억센터가 바로 해마입니다. 뇌의 해마는 새끼손가락 크기로 뇌의 중앙부 깊숙이 양쪽으로 두 개가 있어요. 바다의 해마처럼 꼬리를 말고 있는 모습이 비슷하기도 합니다.

해마를 영어로 무어라 하는지 아세요? sea horse라고 한대요. 쉽죠. 해마, 즉 바다의 말이니 그러겠지요. 학명으로는 히포캄푸스hippocampus인데, 뇌 속의 해마도 영어로 히포캄푸스라고 해요. 그런데 히포캄푸스는 그리스 신화에도 나와요. 바다의 신 포세이돈이 타고 다녔다는 애마가 바로 그거예요. 머리와 앞다리는 말을 닮았고, 몸통 뒷부분과 꼬리는 물고기를 닮았다지요. 그리스 신화의 히포캄푸스는 아마도 바다의 해마를 보고 그려낸 상상의 동물인 듯합니다.

이렇게 바다에도 있고, 그리스 신화에도 나오는 히포캄푸스가 뇌 속에서는 기억센터 역할을 합니다. 기억센터라 하지만, 기억을 저장하기보다는 주로 만드는 곳이지요. 간혹 번뜩이는 아이디어가 떠오를 때, 그 아이디어의 출발점은 해마입니다.

뇌 속의 해마가 제 기능을 못 하면 어떻게 될까요? 해마가 없다고 모든 기억이 사라지는 것은 아니지만, 새로운 기억을 만들어내기 어려워집니다. 알츠하이머 치매는 초기에 해마 부분이 위축됩니다. 그래서 최근 기억부터 잊어 버리게 되지요. 치매를 연구하는 사람들은 이 해마가 어떻게 위축되지 않게 할 것인가에 관심이 많습니다.

영화 〈니모를 찾아서〉에서 건망증 심한 물고기 도리는 아마도 해마가 쪼그라들어 있을 것 같아요.

제 기능을 못하는 해마를 다룬 영화가 또 있습니다. 아내가 살해당한 후 충격으로 새로운 기억을 오래 유지하지 못하는 한 남자의 이야기를 그린 〈메멘토〉이지요. 여기서 기억장애 주인공은 아내를 죽인 범인을 찾기 위해 필사적으로 노력합니다. 폴라로이드로 사진을 찍기도 하고, 자신의 몸에 문신으로 기억을 남겨두려고까지 하지요. 새로 기억을 유지하지 못할 때 얼마나 황당한 일들이 벌어지는지를 보여주는 영화입니다.

해마 이야기를 하다 보니 말이 많아졌네요. 다행히 제 머릿속 해마는 아직 위축되지는 않았나 봅니다. 해마 이야기로 이렇게 글을 쓸 수 있는 것을 보면 말입니다.

이제 글을 정리하고 잠자리에 들어야겠습니다. 잠자는 동안에 꿈을 꾸는 렘REM 수면은 여러 가지 동영상 조각들을 이것저것 맞추어 편집하다가, 깊은 수면인 비렘non-REM 수면에는 해마가 편집된 정보를 대뇌피질로 보내 장기 기억하도록 한다고 해요. 이렇게 해마는 자나 깨나 기억에서 중추 역할을 하지요.

강아지의 잠꼬대

강아지가 잠꼬대하는 것을 본 적이 있나요?

우리 집 강아지는 자면서 자주 잠꼬대를 합니다. 처음에는 깨어 있나 해서 쳐다보면 깊게 잠들어 있는데 자면서 가볍게 낑낑대며 짖거나 으르렁거리면서 잠꼬대를 합니다. 아마도 꿈을 꾸고 있나 봐요. 자면서 어떤 꿈을 꿀까요?

꿈을 꾸고 잘 기억하는 사람도 있고, 저처럼 자고 일어나면 꿈을 전혀 기억하지 못하는 사람도 있지요. 기억의 측면에서 잠과 꿈은 참 중요합니다. 일반적으로 공부를 잘하려면 잠을 줄이고 깨어서 공부 시간을 많이 확보해야 한다고 생각합니다. 사당오락四當五落이란 말도 있지요. 4시간을 자면 시험에 붙고, 5시간을 자면 떨어진다는 말인데, 정말 그럴까요? 기억의 세계를 이해하면 그렇지 않다는 것을 알게 됩니다.

잠이 드는 시간에 우리 몸은 전부 휴식을 취하지요. 하지만 잠이 들면서 우리의 뇌는 쉬지 않고 시작하는 일이 있습니다. 뇌는 하루를 돌아보고 정리하는 시간을 갖지요.

우리 몸이 잠들기 시작하면 뇌는 영화를 틀기 시작합니다. 하루 동안 우리 눈으로 찍은 동영상과 낮 동안 우리 귀로 들었던 소리 파일을 자면서 혼자 즐기지요. 재미있는 장면을 보고 혼자 웃고 있을지, 슬픈 장면을 보고 혼자 눈물을 지을지는 모르겠지만, 뇌는 낮에 보고 들은 것을 자는 시간에 다시 보며 취사선택을 합니다. 기억할 것과 버릴 것들을. 그래서 잠을 충분히 자지 않으면 기억을 온전히 살릴 수 없습니다.

저는 대학교 다닐 때 시험이 오후에 있는 경우, 십 분이나 이십 분 정도 책상에 엎드려 잠을 청하곤 했습니다. 이렇게 쪽잠을 자면 머릿속이 정리된 느낌으로 시험 점수가 오히려 잘 나왔지요. 당시엔 단순히 잠이 주는 휴식의 효과로 생각했는데, 뇌와 기억을 공부하다 보니 잠이 주는 그 이상의 효과가 있다는 걸 알게 되었습니다. 잠을 자야 뇌는 그동안 입력했던 정보를 정리하는 시간을 가집니다.

그날 일어난 일을 자는 동안 꿈을 꾸면서 뇌가 재생하는 것은 동물 실험을 통해서 알게 되었다고 해요. 쥐의 뇌에 전극을 넣어 반응 부위를 검사해 보니, 쥐가 깨어 있을 때 작용했던 뇌의 부위가, 자고 있으면서 꿈을 꿀 때도 같이 반응하는 것으로 나타났다고 합니다. 깨어 있을 때 보고 들으며 활성화된 뇌 부위가 자는 동안 꿈을 꾸면서 한 번 더 복습하는 것이지요.

공부할 때 그냥 쭉 읽어 본다고 기억이 되지 않습니다. 수업 한

번 들었다고 기억이 되지도 않습니다. 기억하려면 복습을 해야 하고 정리를 해야 하지요. 그런 복습과 재생 과정 중 가장 중요한 것은 잠입니다. 그러니 기억을 잘하려면 적당하게 잠을 자야지요.

그럼 잠을 충분히 잘 수 없을 때는 어떻게 할까요?

잠은 외부 세계의 자극을 차단하고 내부 세계로 들어가는 것입니다. 소음과 빛을 차단하면 깊은 내부 세계, 즉 잠으로 들어가게 되지요. 꼭 깊은 잠을 자지 않더라도 소음이 없는 조용한 곳에서 눈을 감고 빛을 차단하면 잠을 자는 것과 비슷한 효과를 보인다고 해요.

뇌는 정보를 받아들일 때와 정보를 정리할 때를 구분합니다. 낮 동안 다양한 상황에서 많은 정보를 받아들이던 뇌는 조용하고 어두워져 정보를 더는 받아들이지 못하게 되면 정보를 정리하는 모드로 전환하지요.

그러므로 공부를 잘하려면 정보를 입력하는 것도 중요하지만, 뇌가 정보를 정리하는 시간을 갖는 것도 중요합니다. 잠을 자든 조용한 곳에서 눈을 감고 휴식을 취하든 뇌에게 정리할 시간을 준다는 것은 기억에서 매우 중요합니다. 그러니 수험생을 둔 부모님은 너무 공부하라고만 닦달하지 마시고 잠 좀 푹 재우세요.

이제 저도 그만 쓰고 잠을 자야겠습니다. 자다 보면 좋은 글감이 생각날지도 모르지요. 그런데 지금도 소파에서 잠꼬대하고 있는 우리 집 강아지는 자면서 무슨 기억을 정리하고 있을까요?

컴퓨터 부팅 속도가 느려 터진 까닭은

컴퓨터를 켜면 부팅하는 데 시간이 좀 걸리지요. 컴퓨터를 시작하는 필요한 시스템 파일들을 읽기 때문입니다. 하지만 요새 나오는 노트북은 부팅 속도가 참 빠릅니다. 컴퓨터의 중심에 해당하는 CPU가 좋아진 측면보다는 정보를 읽고 쓰는 저장장치가 바뀌었기 때문이지요. 최신 노트북들은 대부분 하드 디스크 대신 명함 크기만 한 SSD라는 저장장치를 사용합니다. 하드 디스크는 자기 디스크를 모터가 돌려가며 읽고 쓰는 방식입니다. 과거 LP 전축과 같은 원리이지요. 이제 사양길로 접어든 CD도 디스크를 회전시켜 정보를 읽는 것은 비슷합니다. 문제는 이런 저장판을 회전시키며 정보를 읽다 보니까 속도가 느립니다. 하지만 새 저장장치인 SSD는 우리가 흔히 사용하는 USB 저장매체처럼 플래시 메모리에서 직접 읽는 방식을 사용합니다. 그러니 속도가 매우 빠르지요.

산 지 얼마 안 된 데스크톱 컴퓨터의 속도가 느려져 하드 디스크를 노트북처럼 SSD로 바꾸면 어떨까 생각해 보았습니다. 인터넷을 뒤져보니 그렇게 사용하는 사람들이 이미 많더군요. SSD 가

격도 크게 싸져서 바로 구매하여 설치해 보았습니다. 몇 번의 에러를 겪은 후 무사히 SSD로 바꾸니 컴퓨터 속도가 정말 빨라지더군요.

컴퓨터를 고치고 나니, 이전에 있던 고물 컴퓨터가 생각났습니다. 그때 아이들이 심통이 났지요. 컴퓨터가 느려 터져서 새로 바꾸자는 게지요. 그 당시 데스크톱 컴퓨터는 너무 오래되어 제 수명을 다하기 일보 직전이었습니다. 그 옆에 고물 노트북도 사정은 비슷해서 조금만 사용하면 노트북 바닥이 달걀 프라이를 할 정도로 뜨거워지다가 제멋대로 멈춰버리곤 했지요.

제 생일에 우리 집에 왔던 작은 매형이 그 컴퓨터를 보더니, 하드를 포맷하고 윈도우를 다시 설치하면 속도가 빨라진다더군요. 그래, 어차피 버릴 고물 컴퓨터이니 한번 재설치나 해보자는 마음으로 하드 포맷을 하고 프로그램을 새로 깔아보았습니다. 결과는 기대 이상이었지요. 부팅 속도도 빨라지고, 웬만한 프로그램도 잘 돌아갔습니다. 아이들도 컴퓨터 바꾸자는 말이 쏙 들어갔고요.

컴퓨터의 부팅이 느려지고 프로그램 실행에 문제가 생기는 것은 찾아서 실행해야 할 정보 조각들이 너무 많고 엉켜 있기 때문이지요. 읽고 쓰는 속도가 빠른 SSD 저장장치도 프로그램들 조각들이 많이 엉키다 보면 속도가 조금씩 느려집니다.

그럼 우리 뇌는 어떨까요? 온종일 우리는 의식적이나 무의식적으로 보고 듣는 많은 내용을 동영상과 음성 파일 형식으로 뇌에 저장합니다.

그렇게 차곡차곡 쌓여 있는 파일 조각 중에서 어떤 것을 기억하기 위해 찾아내는 것은 보통 일이 아니겠지요. 이 현상은 나이가 들면서 더욱 심해지겠지요. 마치 오래되어 여러 파일이 엉켜 있는 낡은 컴퓨터처럼 우리 뇌도 정보를 찾는 것이 느려집니다. 나이가 들면서 사람 이름이 생각 안 난다든지 시계를 어디에 두었는지 잊어버리곤 하는 건망증이 치매와 다른 것이 이런 점입니다. 치매 중 가장 흔한 알츠하이머병은 주로 기억 저장의 문제로, 새로운 기억 정보 파일이 뇌에 저장이 잘 안 되는 것이지요. 반면에 건망증은 이미 저장된 정보들을 적절하게 꺼내지 못하는 기억 인출 과정의 속도 저하가 주요 원인입니다.

우리의 뇌는 온종일 자동 저장되는 동영상과 소리 파일 때문에 점차 복잡해지지요. 가끔은 우리 뇌도 컴퓨터처럼 하드를 깨끗이 포맷하고 새로 설치하고 싶을 때가 있습니다. 일상에서 저절로 보이고 들리는 음성과 영상 파일의 저장을 잠시 멈추고도 싶습니다. 물론 우리의 뇌를 완전히 포맷하고 재설치하거나 새 SSD 저장장치로 바꿀 수는 없지만, 가끔은 눈을 감고 소리와 영상 파일 입력을 차단한 채 명상에 들어가 보세요. 우리의 뇌가 깨끗하게 새로 설치된 느낌이 들 것입니다. 이제 필요 없는 자질구레한 정보들을 깨끗이 정리하는 시간을 가지세요. 부팅이 느려진 컴퓨터를 새로 정리하듯이.

입력한 만큼 출력하세요

굉장히 부러웠습니다. 그리고 이상했습니다. 그와 나의 차이가 무엇일까?

수련을 마치고 연구 강사로 일하게 되었을 때, 존경하는 선배 교수의 왕성한 활동과 성과를 보고 어떻게 그렇게 해낼 수 있을까, 늘 궁금했습니다. 새로운 아이디어나 기획 같은 머릿속 생각만 놓고 보면 저와 별 차이가 없었어요. 그럼 어느 지점에서 차이가 벌어졌을까요? 곁에서 유심히 살펴본 결과 '출력'의 차이였습니다.

항시 머릿속 생각 수준에 머물고 마는 저와 달리 그 선배는 생각이 나면 입력하고, 더 중요한 것은 입력한 것을 종이로 출력하는 겁니다. 그러니 일이 진행되고, 성과물이 나오지요.

기억의 세 과정은 입력, 저장, 출력으로 나뉩니다. 우리가 무엇을 읽고 듣는 입력 단계는 주로 뇌의 중간 뒷부분에서 이루어집니다. 귀가 있는 부위에 뇌의 관자엽(측두엽)이 있어 언어 중추 역할을 하지요. 눈으로 보는 것은 뇌의 가장 뒷부분인 뒤통수엽(후두엽)에서 다룹니다. 뇌의 뒷부분에서 주로 입력되었다가 장기 저장이 필요하면 뇌 전체에 나누어 뿌려지며 저장되지요.

그러면 저장된 기억을 출력하는 부위는 어디일까요? 출력은 조금 더 정확하게 말하면 저장된 것을 끄집어내는 인출의 개념일 텐데요. 이 기억 인출을 하는 주 장소가 뇌의 앞쪽 이마엽(전두엽) 부분입니다. 뇌의 중간 뒷부분으로 정보가 입력되어 뇌 전체에 저장되었다가 뇌의 앞부분에서 저장된 것을 끄집어 출력하는 것이지요.

책을 읽거나 영화를 보는 것은 대표적인 입력 과정이지요. 하지만 읽거나 본 후 기억이 잘 나던가요? 감명 깊게 읽은 책에 관해 누군가 어떤 책이냐고 물으면 내용은 한마디도 말해 주지 못하고 그저 "참 좋은 책이야"라고 얼버무리기도 하지요.

《레버리지 리딩》의 저자 혼다 나오유키는 독서에서 입력보다 독서 후 출력의 중요성과 그 실천 방법을 구체적으로 알려줍니다. 독서를 할 때 책의 중요한 부분에 밑줄을 긋고 페이지 모서리를 접어놓으라고 합니다. 그리고 책을 다 읽은 후 중요한 내용을 컴퓨터에 입력하여 종이에 출력하고, 그 출력물을 항상 가지고 다니면서 들여다보고 반복하여 읽어 자기 것으로 만들라고 하지요. 이 것이 그가 말하는 1만 원짜리 책을 100만 원짜리로 만드는 방법입니다.

단순하지만, 문제는 그것을 실천하느냐는 것입니다. 책을 읽기만 하느냐 메모하고 출력하느냐의 차이는 아주 작지만, 결과는 책

제목만 겨우 기억하는 사람과 책 내용을 자기 것으로 만드는 사람의 차이로 커지지요. 이제는 굳이 종이로 출력하지 않더라도 에버노트 등에 기록한 후 스마트폰 등에서 언제든지 다시 들여다볼 수도 있지요.

공부를 잘하는 학생은 계속 공부를 잘할 수밖에 없는 학습 조건을 갖게 됩니다. 왜냐하면, 우리가 수학이나 물리 문제 등을 풀다가 잘 모르면 공부 잘하는 친구에게 묻게 되지요. 그러면 공부 잘하는 학생은 시험 준비 기간에 주위 친구들에게 그 문제를 몇 번 다시 풀면서 가르치게 되지요. 그렇게 일반 학생들이 틀리기 쉬운 문제가 시험에 잘 나옵니다. 그 문제를 가르친 학생은 당연히 그 문제를 잘 풀게 되고, 그 문제 풀이를 배운 친구는 배운 문제가 나와 좋아하다가 가끔 실수해서 틀리기도 하지요.

선생님이 학생들보다 많이 아는 이유는 많이 공부해서이기도 하지만, 자기가 공부한 것을 가르쳐서입니다. 친구들에게 가르치는 학생은 학생이 아니라 어느덧 선생이 되어 있는 것이지요.

《성공하는 사람들의 7가지 습관》의 저자 스티븐 코비는 2003년 '좋은 아버지상'을 받았을 만큼 아홉 명의 자녀도 잘 키웠다고 하는데요. 그의 자녀 교육법이 궁금한 기자에게 이렇게 알려주었습니다. "저는 자녀에게 학교에서 배운 내용을 부모에게 가르쳐 달라고 요구했습니다. 아이들은 배운 대로 가르쳐야 한다는 의무가 주어지면 더 배움에 집중하고 실천하려고 노력합니다."

수업을 듣고 있는 동안 멍하니 입력 시간만 보내고 있는 학생과 나중에 가르칠 것을 생각하고 수업을 들은 후 타인에게 실제로 배운 것을 가르치는 출력 시간을 갖는 학생과는 엄청나게 큰 차이가 나겠지요.

가장 효율적인 공부 방식은 가르치는 것입니다. 피터 드러커도 "지식노동자는 스스로 그것을 타인에게 가르칠 때 가장 큰 배움의 효과를 얻는다"고 하지 않았습니까. 어떤 형태로든 출력하는 습관이 학습에서 중요합니다. 종이에 쓰거나 컴퓨터에 입력하지 않더라도 입으로 중얼거려 보고, 손가락으로 써보기라도 하면서 학생이 아닌 선생이 되어 보세요. 그러면 앞쪽 뇌는 저장된 것을 찾아 출력하려 애쓰면서 기억의 완성이 이루어집니다.

이제 입력만 하는 인간이 되지 말아야 합니다. 입력만 해서는 단지 읽었거나 보았다는 자기만족에 불과한 단계입니다. 문제는 그 입력한 정보를 앞쪽 뇌를 통해 끄집어내는 출력을 자꾸 해보는 것입니다.

입력을 먼저 할 것인지 출력을 먼저 할 것인지 고민이 되곤 합니다. 실은 고민될 주제가 아니지요. 무엇이든 출력하려면 채워져 있어야 하므로 먼저 입력부터 하는 것은 당연할 테니 말입니다.

하지만 다시 생각해 보았습니다. 입력하려면 빈 공간이 있어야겠지요. 기존 생각으로 꽉 차 있는데 무엇이 우리 작은 머릿속에 입력이 될까요. 그러니 청소부터 해야지요. 그래야 텅 비워진 공간에 새로운 것들이 입주하지요.

이렇게 정리하니 생각이 명료해집니다. 먼저 출력부터 해서 머릿속에 남아 있는 생각의 찌꺼기를 깨끗이 씻어내는 겁니다.

얼굴에 묻은 작은 먼지를 닦아내기 위해 우리는 매일 세수를 합니다. 하지만 우리 머릿속 생각 먼지를 털어내기 위해서는 무엇을 해야 할까요. 남아 있는 생각 조각들을 털어내 볼까요. 그래야 새로움이 들어올 수 있겠지요. 머릿속 생각들을 자판에 두들기며 털어보는 것은 어떨까요.

그래요. 자판을 두들기며 출력해 보세요. 출력은 준비되어 꽉 차서 출력하는 것이 아니라 새로움을 입력하기 위해서 출력하는 것일 수 있습니다. 깨끗하게 머리를 청소하기 위해서 출력한다고 생각해 보는 것이지요.

자판을 치는 것은 저에게 하나의 명상이 됩니다. 머릿속을 깨끗이 비우는 데 자판을 치는 것보다 더 좋은 방법이 있을까도 싶습니다. 오늘도 자판을 두드리며 머릿속을 비웁니다. 아니, 출력을 합니다. 빈 공간을 만듭니다. 저의 명상을 시작합니다.

눈으로 읽을까? 손으로 읽을까!

우리는 엄청난 읽을거리에 노출되어 살고 있지요. 다양한 매체를 통해 인류 역사상 이렇게 많은 양의 글을 읽는 인류가 있었는가 싶습니다. 읽는 인간Homo readicus의 진정한 탄생이 이루어졌다고 할까요.

많은 읽을거리 중 차츰 우선순위에 밀리고 있지만, 책은 여전히 가장 중요한 읽을거리 중 하나이지요. 특히 수많은 정보의 홍수 속에서 하나의 주제를 깊게 다루는 데는 책의 형식을 따를 수밖에 없습니다.

책을 읽는 것은 눈으로 하는 행위이지요. 글자는 눈을 통해 뇌에 전달됩니다. 눈은 매우 효율성 높은 입력 기관이지요. 우리는 짧은 시간에 많은 정보를 눈으로 스캔하고 입력합니다. 입력 기관 중 가장 빠른 속도를 가진 것은 바로 눈입니다. 그래서 눈 외에 다른 입력 기관으로 정보가 들어올 때 우리는 딴생각에 빠지기도 하지요. 예를 들면 청각도 매우 좋은 입력 기관이지만 시각만은 못합니다. 소리로 전달되는 강의는 시각보다 정보 전달 속도에서 매우 느리지요.

이러한 정보 처리의 속도 차이는 우리가 강의에 집중하기 어렵게 합니다. 귀를 통해 소리로 전달되는 정보 처리 속도는 우리 뇌의 정보 처리 속도를 따라가기 힘듭니다. 몇 가지 입력 기관 중 시각이 가장 빠른 정보 입력 기관입니다.

시각 말고 다른 입력 기관은 어떤 것이 있을까요? 앞서 말한 청각도 나름 좋은 입력 기관임이 틀림없으나 속도가 느린 점이 문제입니다. 아니 이것은 청각의 문제가 아닙니다. 청각은 매우 빠르고 예민한 입력 기관이지요. 문제는 듣는 속도가 아니라 말하는 속도가 느리다는 점입니다. 말을 빠르게 하는 데 제한이 있으므로 그것을 듣는 속도와 양은 한계가 있습니다. 듣는 청각의 문제가 아니라 말하는 입의 문제가 소리 입력 기관의 문제점이지요.

인간의 뇌에 입력하는 루트는 이렇게 눈과 귀, 두 가지가 주를 이룹니다. 물론 우리는 촉각으로 상황을 입력하고, 코로 향기를 가슴에 기억하며, 입으로 음식 맛을 기억합니다. 하지만 정보 입력의 대부분은 눈과 귀로 이루어지지요. 그중 시각은 오감 중에서 가장 중요하다 할 수 있습니다.

하지만 시각도 문제가 있습니다. 시각으로 입력하는 속도는 빠르지만, 휘발성도 강합니다. 그만큼 많은 정보를 입력하기 때문에 아주 강력하고 반복적인 것 외에 버려지는 정보가 많이 발생하지요. 그렇게 버려지지 않는다면 시각으로 들어온 그 많은 정보로 우리의 뇌는 금세 마비되고 말 것입니다. 그래서 중요하고 필요한 정보를 제외하고는 모두 충실히 저장되지 않고 사라집니다.

또 하나의 문제는 중요한 정보라도 간혹 꺼내지지 않는다는 데 있습니다. 뇌는 컴퓨터 파일 형식으로 정보를 저장하지 않지요. 컴퓨터는 파일을 하나의 단위로 하드 등 저장 매체 어느 곳에 저장하고 인출 명령이 내려지면 그 파일을 통째로 꺼냅니다. 하지만 뇌는 들어오는 정보를 해체하여 각각의 구성 성분을 뇌의 각각 다른 영역에 저장하지요. 인출 명령이 떨어지면 뇌의 구석구석에 있던 각각의 구성 성분을 모아와 다시 조립하는 과정을 거칩니다. 이러한 뇌의 정보 처리 과정으로 인해 장소는 생각나는데 날짜는 기억이 안 난다거나, 사람 얼굴은 기억이 나는데 이름은 잊어버리는 일이 벌어지지요.

시각 정보 처리의 휘발성과 뇌의 인출 문제로 좋은 책을 읽고 나면 그 책의 좋은 느낌은 남지만, 자세한 내용은 기억하지 못하기 쉽습니다. 느낌만 남는 읽기가 이루어지지요. 제대로 남지도 않을 정보에 우리는 많은 시간을 쏟으면서 살고 있습니다.

우리는 왜 책을 읽을까요? 우리의 몸 어딘가에 그 정보를 쌓아두기 위해서 읽을까요? 왜 정보를 쌓아두려 할까요?

안으로만 쌓으려는 방향을 바깥으로 돌리면 우리는 그 정보를 다른 이에게 전해주기 위해서 읽는다는 다른 방향의 답이 나올 수 있습니다. 우리가 책 등을 통해 정보를 입력하는 것은 단순히 내 안에 쌓아두기 위해서라기보다 그 쌓인 정보를 연결하여 필요한 곳에 전해주기 위해서이지요. 남에게 전해주기 위해서는 눈으로 읽는 것만으로는 부족할 수 있습니다.

입력 장소를 뇌에서 벗어나 확장하면 입력 기구의 선택은 넓어집니다. 뇌가 아닌 제3의 장소에 저장하려면 다른 입력 방식을 선택해야지요. 그렇다면 어디에 입력할 것인가? 인류는 컴퓨터라는 저장장치를 만들었습니다. 그리고 그것의 주 입력장치로 키보드를 만들었지요. 키보드를 통해 컴퓨터 하드에 정보가 전달됩니다.

물론 최근에는 정보가 컴퓨터 하드가 아니라 클라우드라는 공간에 주로 저장되지만, 그것도 멀리 떨어진 컴퓨터이고 큰 저장 공간일 뿐입니다. 단지 인터넷을 통해 클라우드라는 가상의 공간에 정보를 저장한다는 개념일 뿐이지요. 사실 가상의 공간이 아니고 실제 존재하는 저장 공간입니다.

컴퓨터에 저장하려면 지금과는 조금 다른 입력 방식을 사용해야 합니다. 눈이 아닌 바로 손이 등장합니다. 손은 키보드를 두드리기 아주 오래전부터 사용해온 중요한 입력 기관이지요. 바위에 이것저것 긁어 그려낸 고대 벽화는 지금도 전해져 그 당시 삶을 이해하는 귀한 정보가 됩니다.

종이가 발명되기 이전부터 붓과 펜은 손을 이용해 글을 남겨 전달되도록 했습니다. 양피지나 죽간이 그것입니다. 디지털 시대에 이것은 자판으로 바뀌었을 뿐이지요. 어쨌든 손은 어떤 정보를 뇌라는 작은 공간이 아닌 바깥 저장 매체에 남겨 다른 이에게 전달되도록 합니다. 그것이 종이든 디지털 저장 매체이든 간에 중요한 것은 저장되고 전달되기 위한 것이지요.

인간은 손을 쓰는 동물이지요. 손을 쓰는 인류 호모 하빌리스Homo habilis로부터 인간은 다른 동물과 다른 세계를 살게 됩니다. 다른 동물도 눈으로 정보를 입력합니다. 인간에게 주어진 손으로 세상을 읽을 때 인간은 정보를 단순히 입력하는 정보의 소비자에서 세상에 새롭게 융합된 정보의 생산자로 바뀔 것입니다.

이제 손으로 읽어보세요. 두 눈만 쓰지 말고 양손으로 쓰는 인간으로서.

가장 재미있게 본 영화는

가장 재미있게 본 영화가 무엇인가요?

잠깐 생각할 동안 다른 사람들은 어떻게 대답했는지 볼까요. 언젠가 중앙일보 '시시콜콜 100문 100답'에 이 질문을 서울시장 후보에게 했습니다. 후보자 넷이 내놓은 대답은 흥미롭게도 둘씩 사이좋게 〈닥터 지바고〉와 〈벤허〉였어요.

무척 오래된 영화 같은데 언제 개봉되었는지 궁금해져 찾아보았습니다. 〈닥터 지바고〉는 1965년, 〈벤허〉는 1959년으로, 50년도 더 된 영화이더군요. 이렇게 오래된 영화인데 이분들 가슴속에 남아 있는 걸 보면 이 영화가 걸작임이 틀림없어 보입니다. 그래도 너무 오래된 영화라는 느낌은 지울 수 없었습니다. 혹시 후보자들이 바빠서 최근 영화는 볼 여유가 없었던 것은 아닌지.

주철환 PD는 같은 신문에 이에 대해 칼럼을 썼습니다.

"세상에 영화가 수없이 많은데 중복이라니. 게다가 '감명 깊게'가 아니라 '재밌게' 본 영화다. 이미지를 고려한 전략적 답변? 그런데 수긍이 간다. 겹치기로 응답한 후보들은 재미의 기억을 공유

한 '우리' 세대였다. '우리'라고 부르는 것에 대해 양해를 구한다. 중간고사, 기말고사가 끝나면 '우리'는 대한극장으로 단체관람을 갔다."

그의 칼럼은 이렇게 끝을 맺었습니다.

"팝송 가사를 한글로 적어 부르던 시절에 단순미래, 의지미래라는 말을 배웠는데 당시엔 헷갈렸다. 이제는 구별이 된다. 나이 먹는 건 단순미래, 마음먹는 건 의지미래. 오래 사는 건 단순미래, 젊게 사는 건 의지미래."

그는 수긍이 간다고도 했지만 저는 고개가 자연스레 끄덕여지지는 않았습니다. 오히려 작은 결심만 하게 되었지요. 누군가 나에게 이런 질문을 던진다면, 수십 년 전에 본 영화 제목은 대지 말아야지. 아니 영화가 아니라 책이나 여행 경험을 묻더라도 마찬가지. 하루에도 수많은 새로운 책들이 쏟아지는데 "가장 기억에 남는 책이 무엇이냐?"는 질문에 수십 년 전에 읽어 제목도 가물가물한 책 제목은 대지 말아야지. 세상은 넓다는데 "가장 인상 깊은 여행 장소"를 묻는 말에도 지금은 이미 다 변해 버렸을지 모를 수십 년 전에 다녀온 곳은 대지 말아야지. 수십 년 전 말고, 가급적 요새 본 영화, 요새 읽은 책, 요새 다녀온 여행지로도 풍부하게 이야기할 수 있는 인생의 시간을 늘려야겠다는 욕심을 부려 봅니다.

조남준의 그림 〈술집 풍경〉에 "청년은 미래를 말하고, 중년은 현재를 말하고, 노인은 왕년을 말한다"고 적혀 있습니다.

언젠가는 나이가 들어 왕년을 이야기할지 모르지요. 하지만 움직일 수 있고, 읽고 볼 수 있을 때도 왕년의 호칭으로 불리길 원하고, 왕년에 다녀온 여행의 추억에서만 살고, 왕년에 읽은 책과 왕년에 본 영화로만 이야기한다면 그는 그 왕년의 시점에서 멈추어 과거의 삶을 사는 것이지요.

나이 먹는 건 의지와 상관없는 시간의 차원입니다. 하지만 그 시간을 무엇으로 채우느냐는 의지의 차원이지요. 단순미래를 살지, 의지미래를 살지도 각자 스스로 결정할 일이지요. 술집에서 미래를 말할지, 현재를 말할지, 왕년을 말할지도 각자 스스로 결정할 일인 것처럼. 우리는 주어진 시간의 흐름을 각자의 방식으로 채워가지요.

재미있는 영화 이야기하다 너무 무겁게 이야기가 흘렀네요. 그런데 참, 대답할 준비가 되었나요? 가장 재미있게 본 영화는 무엇인가요?

기억은 지워져도 느낌은 남아

"저랑 아침에 통화한 사실도 잊어버리시는데요."

아들은 고개를 숙이고 말했습니다. 그의 어머니는 노인요양시설에 계십니다. 살다 보면 자주 찾아뵙지도 못하고, 사실 전화하는 것도 점차 의미가 퇴색되어 갑니다.

기억이 지워지는 것은 그를 둘러싼 가족과 지인들에게 슬픈 일이지요. 기억을 잃어가고 있는 환자에 대한 애틋함은 점차 무의미함으로 변해가기도 합니다. 치매 환자는 우리의 따스한 보살핌을 정말 잊어버리는 것일까요?

치매에 앞서, 우리 자신의 이야기를 해 볼까요. 혹시 최근에 보신 영화 있나요? 어떤 내용이었나요? 예, 그런 내용이군요. 그런데 정말 그 내용이 정확한가요? 우리도 영화나 책을 보고 시간이 지나면 내용이 헷갈립니다. 감명 깊게 읽은 책을 친구에게 소개할 때, 친구가 묻습니다. "어떤 내용인데?" 그러면 기억이 가물가물해서 얼버무립니다. "음…. 어쨌든 괜찮은 책이야. 한번 꼭 읽어봐." 어떤 책이나 영화를 보고 나면 내용은 기억이 희미해지지만 그 느낌은 오래 남습니다.

기억의 중추센터는 해마인데, 알츠하이머 치매 환자는 이 해마의 위축이 특징입니다. 반면에 어떤 것을 본 후 그 느낌, 감정은 주로 뇌의 편도라는 부분에서 작동하지요. 편도는 해마 곁에 있어서 기억과 느낌은 서로 연결된 경우가 많습니다. 충격적이거나 재미있는 것은 오래 기억되는 것도 해마와 편도의 관련성에 의한 것이지요. 치매 환자가 해마의 위축으로 기억 장애가 오더라도 편도가 아직 멀쩡하다면 그 느낌은 오래 남게 되지요.

노인요양시설에 진료를 나가보면 항상 풀이 죽어 있던 할머니가 무슨 일로 얼굴이 환해서 계십니다. 어제 딸이 찾아왔다고 하더군요. 할머니에게 여쭙습니다. "할머니, 어제 누가 찾아왔어요?" "아니, 아무도 안 왔어." 말씀은 이렇게 하지만, 할머니의 얼굴은 여전히 밝습니다. 딸의 방문은 벌써 잊어버렸지만, 딸이 왔던 느낌은 그대로 간직하고 있는 할머니 모습입니다.

치매가 진행되면 가족과 함께 한 일도 기억하지 못하고, 가족도 점차 잊게 되면서 낙담하게 되지요. 이 낙담이 치매 어르신을 돌보거나 안부 인사를 드리는 것을 소홀하게 만드는 원인이 됩니다.

하지만 전화 한 통 드리세요. 시간 내서 한번 찾아뵈세요. 기억은 지워져도 그 따뜻한 느낌은 남기 때문이지요.

3장

◆

왼쪽 뇌 이야기:
생각에 대한 생각

생각과 집중

밖에서 소리가 들린다.
하지만 안에서도 소리가 들린다.

우리 안에서 나는 소리를
우리는 생각이라 한다.

생각은 가만히 있지 못하고
과거와 미래를 들쑤시고 돌아다닌다.

생각은 계속 움직이고 변하는데
맨 처음부터 그 자리에 있었던 양
우리의 주인 행세를 하려 한다.

고요히 집중하려 하면 할수록
여러 생각이 뇌 안을 돌아다닌다.

생각 중독

오늘은 무슨 중독에 빠지셨나요?

생각은 저절로 피어납니다. 우리 몸은 가만히 있어도 생각은 끊임없이 활동하려 하지요. 그 생각 속에 나 자신이 헤어나지 못할 때가 있습니다. 어떨 때는 그 생각이 나 자신이라고 여기기도 하지요. 혹시 '생각 중독'에 빠지지는 않으셨나요?

담배 피우는 행위를 전에는 개인의 기호 활동이라 여기다가 요즘은 질병이라 선언합니다. 실제로 니코틴 중독이라는 질병명으로 등재되어 있지요. 의사가 제일 치료하기 어려운 것이 중독입니다. 마약 중독, 참 어려운 질병 상태이지요. 개인뿐만 아니라 나라까지 망치는 병, 마약 중독. 알코올 중독은 어떨까요? 진료실에서 자주 접하지만, 아직 의사들이 치료하기 쉽지 않은 병이 알코올 중독입니다. 알코올 중독 환자들은 말로는 자신이 술을 끊을 수 있다고 호언장담하지만, 그렇게 실제로 스스로 끊는 경우는 극히 드뭅니다.

그렇다면 중독이란 뭘까요? '스스로 중단할 수 없는 것'이라고

정의하면 어떨까요. 스스로 반복하는 행위이면서 중단하고 싶어도 스스로 중단할 수 없는 상태를 말합니다.

나는 누구인가요? 혹시 나를 내 머릿속에서 끊임없이 떠오르는 내 생각이라고 여기지는 않나요. 생각은 내가 아닙니다. 계속 내 머릿속을 차지하고 있다 하더라도 생각은 내가 아닙니다. 생각은 단지 나의 한 부분에 불과하지요. 나의 어느 부분에 붙어사는 존재, 기생하는 존재, 그것이 생각입니다. 그 생각에 푹 빠져서 헤어나지 못하고 있다면, 바로 생각 중독에 빠진 겁니다.

그렇습니다. 생각 중독입니다. 다른 중독과 마찬가지로 생각하는 것도 나 스스로 하고 있고, 간혹 그 생각을 중단하고 싶지만 못하는 것을 보면 생각도 중독의 특성이 있습니다.

한 잔의 술로 기분 좋게 친구와 대화할 수 있다면 그 술 한 잔은 다른 이와 소통하는 좋은 매개체가 될 수 있겠지요. 하지만 그 한 잔의 술이 한두 병을 넘어 두세 병을 불러 자신을 쓰러뜨리는 요인이 된다면 그것은 우리의 생명을 위협하는 독이 되지요. 내가 술을 마시는 것이 아니라 술이 나를 마시는 주객이 뒤바뀐 상태입니다. 그리고 다음날도 다시 술을 찾고 있다면 그는 중독자이지요. 알코올 중독자.

생각도 마찬가지입니다. 우리의 삶을 들여다보고, 다른 이와 대화를 나누면서 소통하는 매개체로써 생각은 꼭 필요할 수 있습니다. 그 필요성으로 나라는 존재에 생각이란 것이 매달려 있으면서 진화해 왔겠지요. 하지만 그 도구가 주인 행사를 하며 주객이 뒤바뀌는 경험을 흔하게 합니다. 그리고 같은 생각을 끊임없이 반복하는 것, 그것은 생각 중독입니다. 다른 중독과 마찬가지로 생각 중독도 우리 자신을 피폐하게 만듭니다.

우울증의 본질은 과거에 대한 생각에서 헤어나지 못하는 것이지요. 살면서 과거의 아름다운 추억에 잠기는 것은 우리를 미소 짓게 만듭니다. 하지만 반복적 생각은 다소 부정적인 것에 집착하기 좋아하지요. 반복적 생각은 자주 밝은 것보다는 어두운 것에 집중적으로 에너지를 쏟아붓게 합니다. 그래서 우울증 환자들은 과거의 부정적 사고에서 헤어나지 못하는 경향을 보이지요.

불안증을 볼까요. 불안증 환자는 미래에 대한 생각이 머리를 맴돕니다. 밝은 미래에 대한 희망은 오늘을 활기차게 하는 힘이 될 수 있지요. 하지만 미래는 불확실성의 특성을 가집니다. 아무도 내일 어떤 일이 펼쳐질지 모르니까요. 원하는 것은 자유지만, 원하는 대로 되지 않는 것이 미래이지요.

그런 불확실성은 미래의 불안 요소가 됩니다. 그래서 미래에 대한 생각에 파묻히다 보면 불안해지곤 하지요. 불안증 환자는 하루의 많은 부분을 이런 미래를 생각하는 데 에너지를 사용합니다. 활활 타오르는 불안과 두려움의 불은 불안증 환자 자신을 까맣게 태워버립니다.

그런 부정적 생각을 멈추고 싶지만 멈추지 못할 때 우리는 괴롭지요. 이런 '생각 중독'이 우리를 우울과 불안에 빠뜨립니다.

중독의 특성이 끊임없이 반복되는 행위라면, 그것을 어떻게 멈추지요? 멈추고 무엇에 집중해야 하나요?

우울과 불안이 과거와 미래에 대한 반복적 생각이라면 멈추고 집중할 것은 바로 현재입니다. 현재를 제대로 알아차리고 살아가는 것이 삶의 본질이지요. 과거도 간혹 들여다보고, 미래도 간혹 바라볼 수 있습니다. 그것은 현재를 충실히 살아가기 위한 수단인데, 미래가 현재의 삶을 지배하게 된다면 주객이 바뀐 것이지요. 삶의 주인은 과거나 미래가 아닌데 말입니다.

생각 중독에서 빠져나오기가 쉽지 않지요. 중독에서 헤어나려면 먼저 무엇에 중독되어 있는지 자기를 바라볼 수 있어야 합니다. 나는 생각이 아니다. 주인 행세하는 나의 생각이 어디에서 놀고 있는지 바라봐야 하지요. 바라보기 위해서는 멈추어야 합니다. 현재에 머물며 그 생각을 보는 내가 바로 나이지요.

말다툼은 없었나요

명절에 친척들이 모여 즐겁게 이야기를 나누다 가끔 언성이 높아지곤 합니다. 요새는 명절에 모여 하지 말아야 할 말과 해야 할 말을 정리한 기사도 나오더군요. 서구에서는 파티 등 친교의 자리에서 종교 이야기는 하지 말라고까지 하지요. 누군가는 바다에서 배를 타고 갈 때는 종교와 정치 이야기를 하지 말라고 합니다. 거기에서 싸움이 일어나면 배에서 내릴 때까지 어딘가 피할 수도 없어 심각한 종말을 낳을 수 있기 때문이지요.

그런데 왜 싸울까요? 왜 그런 주제가 나오면 사생결단을 내듯이 싸우게 될까요? 정치적 성향이 강하거나 다혈질적인 민족성 때문일까요. 하지만 세계 역사를 보더라도 많은 전쟁이 종교나 정치 이념 분쟁 때문에 일어났고, 지금도 그런 것을 보면 우리 민족성 문제만은 아니겠지요. 꼭 그런 심각한 주제가 아니더라도 자신의 어떤 것을 건드리면 왜 욱하고 목소리가 커질까요?

《지금 이 순간을 살아라》의 저자 에크하르트 톨레는 이렇게 지혜를 나눕니다.

"누구라도 내가 옳고 남이 그르다고 주장할 수는 있습니다. 그것은 흔한 일입니다. 하지만 겉보기에 지극히 정상적인 이런 일조차 실은 죽음에 대한 두려움에 뿌리를 두고 있습니다. 자신의 입장일 뿐인데도 그것이 바로 자기 자신이라고 고집하면 어떤 사태가 벌어질까요? 만약 자기주장이 그르다면, 마음에 기반을 둔 우리의 자의식은 소멸될 위기를 맞게 됩니다. 그래서 에고로서는 자신의 잘못을 받아들일 수 없는 것입니다. 에고에게는 그것이 자신의 죽음을 뜻하기 때문입니다. 그래서 전쟁이 일어나고, 인간관계가 깨지는 것입니다."

즐거운 자리에서 종교나 정치 이야기를 하지 마라, 다투고 마음에 생채기만 남길 뿐이라고 점잖은 어르신들은 말씀하십니다. 그런데 왜 즐거운 자리에서 종교나 정치는 피해야 할 주제일까요. 종교적 신념이나 정치적 이념은 어떤 개인에게는 가장 굳건한 생각 덩어리이지요. 그러므로 그것을 건드리면 나 자신을 건드린다는 위협을 느끼게 되지요. (아, 이렇게 이야기하니, 벌써 '그건 아니다'라고 종교적, 정치적 공격을 벼르고 있을 분들이 있겠군요.)

그러면 조금 가벼운 주제로 바꾸어 볼까요? 평소 독신을 생각하고 있는 조카가 명절 식사 자리에서 "너 결혼 안 하니?"라는 친척의 말을 들었다고 합시다. 그 말을 꺼낸 이는 나이가 찬 조카가 걱정되어서 한 말이겠지만, 들은 이는 기분이 확 상할 수도 있지요. 그냥 넘어가면 되는데 누군가 옆에서 한마디 더 거들면 큰소리로 나를 건들지 말라는 다양한 대꾸를 하게 됩니다.

왜 그럴까요? 그 말 자체가 자신의 자존감을 건드리니 대꾸하는 목소리가 커지는 겁니다. 단지 자신이 살아가는 방식일 뿐인데 자기 생각을 건드리니 자신을 공격한다고 여기게 됩니다. 그 '생각과 나의 동일시'가 굳건할수록 그 생각에 대한 공격은 나 자신의 존재감 자체를 건드립니다. 자신의 존재가 흔들린다고 생각하니, 죽음의 위협으로 느껴 그런 사소한 일로도 사생결단의 반응을 보이게 되지요.

생각이란 오랜 진화 과정에서 인간과 밀접한 관계를 맺고 있습니다. 하지만 생각이 곧 나는 아닌데, 어떤 때는 너무 주인 행세를 해서 문제가 발생합니다.

데카르트는 아예 "나는 생각한다. 고로 나는 존재한다"라고까지 생각의 위치를 격상해 주었으니, 생각이 고개 뻣뻣이 들고 "내가 주인이야!"라고 큰소리칠 만하지요. 하지만 "생각은 나 자신이 아니다. 그것을 바라보고 있는 관찰자가 참다운 나"라는 선인들의 깨우침이 데카르트보다는 더 깊은 곳을 들여다보고 있겠지요.

그 선인들의 깨우침을 현대에 전하고 있는 에크하르트는 질문을 던집니다.

"당신은 무엇을 방어하고 있습니까? 허구의 자기 자신, 마음속에서 만들어진 이미지, 거짓된 실체가 아닌가요?"

세상에 should 하나만 없어도

세상에 이 단어 하나만 태어나지 않았어도 사람들이 그렇게 괴롭지 않았을 텐데요. 부모는 아이를 괴롭히지 않았을 것이고, 선생은 학생을 괴롭히지 않았을 것이고, 누가 콕 집어 괴롭히지 않았어도 스스로 이 단어 하나에 얽매여 자신을 평생 괴롭히며 살지 않았을 텐데요.

그 단어가 뭐냐고요?

should 말이에요, should.

should? should가 뭐 어때서요?

자기 삶을 찬찬히 들여다봐요. 얼마나 많은 should가 우리 삶을 얽매고 있고, 스스로 거기에서 헤어나지 못하는지. '나는 부지런해야만 한다. 착해야만 한다. 완벽해야만 한다. 잘해야만 한다. 칭찬 받아야만 한다.'

이 모든 것들이 하나하나 좋은 특성일 수 있지만, 그렇다고 꼭 should일 필요는 없지요. 그런 방향으로 노력하는 거야 뭐라 할 건 아니지만 언제나 항상 그럴 수는 없고 그럴 필요도 없지요. "난 무엇 무엇이어야만 해!" 이런 무거운 문장은 삶에서 꼭 둘 필요는 없을 거예요.

제 외래에 오랫동안 다니던 분이 몇 개월 전부터 표정이 어두워졌습니다. 회사에서 중요한 직책을 맡고 있는데, 최근에 본인이 감당하기 쉽지 않은 일을 처리해야 해서 스트레스가 심했던 것이지요. 틈틈이 여러 이야기를 나누고 스트레스를 잘 넘어갈 수 있는 방법이 무엇일까 함께 고민해 보았습니다. 이 should 문장에 관해 이야기를 나누었지요.

며칠 전 다시 왔을 때는 얼굴이 환해졌습니다. 복장도 평소 입던 양복이 아니고 청바지에 편한 옷을 입었고요. 몸이 안 좋아 하루 쉬었다더군요. 회사생활 하면서 이런 것으로 결근하는 것은 생각조차 못하고 살았는데, 지난번 이야기를 나누고 자신이 가진 should가 무엇일까 생각해 보았다고 합니다. 자신을 옭아매고 있던 should를 몇 가지 덜고 나니 한결 자유로워졌나 봅니다. 그날 그분의 환한 미소가 기억에 남습니다.

우리는 각자 자신의 생각에 should 조동사를 넣어 자신을 스스로 옭아맵니다. should라는 단어 하나만 없어도 괜찮을 텐데 굳이 그것을 생각 문장에 집어넣어 자신의 생각을 콘크리트처럼 단단하게 만들지요. 그리고 그 should 콘크리트 속에서 숨이 콱 막혀 헉헉대며 살아갑니다.

일단 자신이 잘 사용하는 생각들을 살펴보세요. 그 문장에

should가 있지는 않은가요. 그렇다면 그냥 과감히 should를 빼버리세요. 그래도 세상은 폭파되지도 않고 자신도 그대로 있습니다. 어쩌면 should를 뺀 모습이 자신의 원래 모습일 수 있지요. 조동사로 꾸며지지 않은 순수한 형태의 생각 문장을 그대로 받아들여 보세요.

저도 제 안에 가지고 있는 should가 무엇인지 살펴봐야겠습니다. 그 단어 하나 아예 태어나지 않았으면 더 좋았겠지만, 이왕 있는 것 어찌할 도리 없으니, 스스로 살펴보고 가끔 빼고 살아야지요.

여러분은 저마다 무슨 should들을 가지고 있나요? 그 많은 should 중 일단 한 가지라도 빼보시겠어요.

한끗 차이

그저 한끗 차이입니다. 그와 내가 한끗 차이고, 되고 안 되고가 한 끗 차이지요. 그런데 그리도 집착합니다. 그저 한끗 차이일 뿐입 니다. 무엇을 그리 힘들어하는가요. 나쁜 사람과 좋은 사람도 한 끗 차이입니다. 그저 자기에게 조금 잘해주면 나에게 좋은 사람이 되고 나에게 조금 서운하게 대하면 나쁜 사람이 되는 것이지요.

원래 큰 차이는 없습니다. 그런데 큰 차이로 문제를 만들어 놓 는 놈이 있지요. 그것이 바로 생각이란 놈입니다. 삶에서 무엇이 일어나면 생각은 그것을 다르게 만들지요. 생각이란 그저 그대로 놓아두는 꼴을 못 봅니다. 다른 것으로 만들어버리는 것이 생각이 하는 일이지요. 원래의 모습은 사라지고 달라진 것만 남겨집니다. 생각 때문에.

생각은 다르게도 만들지만 크게 만드는 것을 좋아합니다. 애초 에 그냥 작은 것에 불과했지요. 사소한 것이어서 신경 쓰지 않아 도 되는 것을 생각은 그것에 큰 의미를 부여하고 크게 문제를 만 듭니다. 그 문제는 처음 그대로의 것이 아니지요. 다른 문제가 되어버렸지요. 작은 것이 아닌 커다란 문제가 되어 있습니다.

생각은 이렇게 크게 다르게 만드는 데 소질이 남다릅니다. 생각의 특성이 이런 것이지요. 그래 생각 덕분에 다르게 창의적인 물건이 나오고, 새로운 개념이 나옵니다. 작은 것에서 큰 의미를 찾기도 하니 생각은 괜찮은 녀석이기도 합니다. 그런데 말입니다. 바로 그 생각 때문에 삶이 고달파지기도 합니다.

작은 것들이 옹기종기 모여 일어나고 사라지는 것이 삶일 터인데 그것을 너무 크게 만들어 버리지요. 원래 모양은 동글동글한 작은 조약돌에 불과했는데, 생각은 그것을 날카로운 돌 흉기로 만들어 우리의 몸과 마음을 후벼 놓습니다. 그래서 다쳐 버립니다. 눈물을 흘리고, 피를 흘리게 되지요. 작은 조약돌이 모여 있는 것이 우리 삶입니다.

그런데 생각은 다르게 바꾸어 버립니다. 애초에 한끗 차이지요. 조약돌과 큰 돌이 그리 차이가 없었습니다. 아니 애초에 큰 돌은 없었을지 모릅니다. 조약돌로 삶의 강가는 이루어져 있지요. 그러니 한끗 차이를 생각으로 크고 다르게 만들지 마세요. 그대로 있는 그대로 바라보세요. 삶의 강가를. 작은 조약돌이 있는 강가를.

생각을 손님처럼

"선생님, 이전보다 많이 좋아졌어요. 그런데 전처럼 그런 불안 증세가 또 생기면 어떻게 하지요?"

편두통과 공황장애로 오래전부터 제 외래를 찾아오던 여성 환자가 묻습니다.

"불안한 마음이야 누구에게나 있지요. 저도 당연히 불안할 때가 있고요. 제 환자가 호전이 안 되어도 불안하고, 부모님 건강도 아이들 문제도 불안할 때가 있지요. 그런데 공황장애나 불안장애를 가진 환자와 차이가 있다면 이런 것이 아닐까 싶어요. 바로 불안한 것에 대한 과한 해석, 즉 생각이지요. 불안증세가 심한 분들은 불안이 오면 그것에 대해 과한 의미를 부여하고 자기 해석을 하지요. '이러다 잘못되면 어떻게 하지. 불안하고 숨이 조금 찬데, 숨이 차다 숨이 막히면 어떻게 하지.' 그러니 이전에 응급실 오셨던 것처럼 과호흡이 온 것이지요. 이런 문제들이 생각에서 시작되지요. 이제는 숨 막혀 죽지 않는다는 것도 아시고, 정 불안하면 안정제 반 알 드시면 좋아지는 것도 아시지요. 그러니 이전보다 편안해지셨지요."

그리고 한 가지 더 말씀드립니다.

"그 생각이 오면 손님처럼 대해 보세요. '아, 너 또 왔니. 그래 왔으니 쉬었다 가라.' 그러는 것이지요. 그 생각은 계속 머물지 않아요. 언젠가 또 떠나지요. 아예 이렇게 대하세요. '오랜만에 왔으니 쉬다 가. 나는 어디 좀 다녀올 테니.' 생각에게 인사를 건네고 나는 잠시 떠납니다."

생각은 내가 아니지요. 나의 일부일 수도 있고, 그저 나를 간혹 찾아와 잠시 머무는 손님일 수도 있지요. 이 손님에 너무 관심을 가지면 자기가 주인 행세를 하고 오래 머물러 있으려 합니다. 이 생각을 손님처럼 잠시 머물다 가게 하는 방식은 두 가지가 있는 것 같아요.

하나는 고요함 속에서 천천히 호흡하며 명상하는 것이지요. 명상의 기본 중 하나는 떠오르는 생각을 들여다보는 것이지요. 백지를 감은 눈앞에 무대처럼 펼쳐 놓고 조용히 있으면 생각이 '어 이상한데, 왜 이리 조용하지' 하며 무대 커튼 뒤에 잠시 숨어서 빼꼼히 고개만 내밉니다. 생각이란 것은 좀 시끄럽거든요. 계속 조용하면 잠시 무대 위로 생각이 나오게 되지요. 하지만 그저 조용히 그 생각을 쳐다보고 있으면 생각이란 놈은 민망해서 무대 밑으로 내려가지요. 그냥 무대 위에 올라왔다 사라지는 생각을 쳐다보는 것, 그것이 명상의 한 방법이지요.

또 하나는 관심 스위치를 끄는 것입니다. 앞서 이야기한 것처럼 생각이란 손님이 왔으면 일단 아는 체는 하고, 바로 내가 잠시 외출하는 것이지요. '어, 너 왔구나. 그래 좀 쉬다 가. 나는 다른 곳에 나갔다 와야 해서.' 생각은 관심을 못 받으면 재미없어 떠납니다.

이때 생각이란 손님을 놔두고 외출하는 방법은 특정 생각이 들었을 때 다른 대체 행동을 만들어 놓는 방식입니다. 일어나 걷기를 한다든가, 가볍게 콧노래를 부르든가 하는 적절한 대체행동을 미리 만들어 놓는 것이지요. 이렇게 생각을 놔두고 외출하고 다시 돌아오면 그 생각은 재미없어 이미 떠나 있어요.

《마음에서 마음으로》에서 하창수의 질문에 대한 이외수의 답을 들으며 글을 마무리하지요.

하창수: 마음의 고통을 겪으면 정신과 의사를 찾아가는 게 낫습니까, 아니면 명상가를 찾아가는 게 낫습니까?

이외수: 가장 좋은 것은 아기나 꽃을 들여다보는 것입니다. 나 이전의 것. 지금의 내가 되기 이전의 것이 그 안에 다 들어 있습니다.

하창수: 그런데 마음을 다쳤을 때 우리는 왜 아기와 꽃을 볼 생각을 하지 못할까요?

이외수: 아상我相 때문입니다. 아상은 잘못된 자신의 모습입니다. 본디 자신의 모습이 아닙니다. 그것은 왜곡되고 일그러진, 비정상적인 자신의 모습입니다. 잘못 알고 있는 나의 모습에 가려져서 진짜 나, 아기와 같은 나, 꽃과 같은 내가 보이지 않습니다.

집중은 어떻게 하나

집중 하면 '한 점에 집중하는 것'을 생각하지요. 큰 면적보다는 작은 점 하나에 시선을 두고 정신을 그에 모으는 것이 집중이라 생각하지요. 하지만 저같이 잠시 명상하는 중에도 온갖 잡생각이 드는 사람에게 한 점에 집중하는 것은 1분, 아니 수십 초도 제대로 유지하기 어렵더군요. 어쩌면 당연한 것일 수 있지요.

눈싸움한다고 상대방 눈만 계속 쳐다보고 있기도 어려운데, 한 점만 계속 주시하는 것은 애초에 불가능한 일 아닐까요. 한 점에 집중하려고 하면 할수록, 생각이 한 점으로 모이는 것이 아니라 오히려 더 많은 딴생각의 늪에 빠지곤 하지요.

집중하는 다른 방법이 없을까 생각하던 차에 집중이란 글자에 주목했습니다. 집점集點이 아니고 집중集中이더군요. 집중의 중中은 사물의 한가운데를 상하로 통하는 세로획이 주욱 그어져 중심이란 뜻으로 '가운데 중'이 되었습니다. 한 점이 아닌 세로 선으로 가운데 중심이 된 것이지요.

하나의 점에 집중하는 것을 저는 '점 집중'이라 하겠습니다. 그런데 점 집중은 참 어렵지요. 한 점에 집중하는 것은 정신적 에너지도 엄청 쓰이고, 육체적으로도 눈이 한 점을 오래 쳐다보고 있기가 쉽지 않아요.

그럼 '선 집중'은 어떨까요? 선 집중이라 하니 선仙 집중이라 생각하시는 분이 계실 텐데, 그런 경지는 제가 잘 모릅니다. 그냥 한 점이 아닌 긴 선線에 집중하는 것입니다. 선 집중은 다시 '가로 집중'과 '세로 집중'으로 나눌 수 있겠지요. 우선 가운데 중中자처럼 하나의 세로 선에 집중해 볼까요.

주위를 둘러보세요. 앞에 보이는 여러 사물 중에서 '가운데 중中'의 중심 획처럼 세로 선을 찾아보세요. 그리고 거기에 집중해 보세요. 우선 세로 선을 찾아볼까요. 길가의 나무도 세로로 서 있고, 사람도 세로로 서 있고, 건물도 세로로 서 있고, 세로 선이 참 많지요. '세로 집중'을 해 보면 '점 집중'보다 좀 편안하면서 집중을 유지하기 쉽습니다.

세로 선에 오래 집중하다 보면 너무 예리해지는 느낌이 들곤 합니다. 그러면 가로 선도 찾아보세요. 그리고 가로 선에 시선을 담아두어 보세요. 세로 선에 집중할 때와는 또 다른 느낌이 들 거예요. 가로에 대해서는 나중에 생각해 보고, 생각이 산만해질 때 우선 눈앞의 세로 선에 집중해 볼까요.

명상할 때 한 점에 집중하려면 저처럼 온갖 잡생각이 더 드는 분들은 주위의 세로 선에 집중하면서 천천히 호흡해 보세요. 눈을 뜨고 있어서 산만해진다면 눈을 감은 채 가상의 세로 선에 집중하고 자세를 바로잡으며 호흡을 가다듬는 것도 좋습니다.

세로 집중: 인터넷 서핑과 책 읽기의 차이

그 충격을 아직도 잊을 수가 없습니다. 대학에 다니던 어느 날 처음으로. 인터넷에 접속했을 때의 기억입니다.

컴퓨터에 하드 디스크도 없이, 지금은 없어진 플로피 디스크로 운영하던 시절이지요. 전화기 모뎀을 통해 제 방에 있던 컴퓨터가 "삑~ 끽~" 소리와 함께 세계의 다른 컴퓨터와 연결되더군요. 한 번도 가보지 못한 외국의 대학교 사이트에도 접속할 수 있었지요. 지금같이 그래픽 운영체계가 아닌 텍스트로만 운영되던 DOS 운영체계였습니다. 속도도 너무 느리고 중간에 접속이 끊어지곤 하던 시절, 전화선 하나에 연결된 열악한 네트워크 시대였지요. '참을 인忍'자 인터넷이라는 우스갯말이 돌 정도로 네트워크 속도는 느렸지만, 제가 있던 그 작은 방에서 전 세계와 연결할 수 있다는 사실은 충격이었습니다.

KETEL이라는 PC 통신을 시작으로 천리안, 하이텔 등의 이름이 기억나는군요. 그 후 전화선이 유선 LAN으로 바뀌면서 속도는 빨라지고, 컴퓨터 운영체계도 텍스트 기반에서 윈도우즈나 맥 OS처럼 그래픽 기반으로 바뀌었지요. HTML 기반의 윈도우즈에서 마우스 화살표가 손가락 모양으로 바뀌는 화면의 이곳저곳을 누르면 인터넷의 무궁무진한 자료의 늪에 들어가게 되지요.

윈도우즈와 같은 그래픽 운영체계의 인터넷 세상은 손가락 하나로 마우스 클릭만 하면 세상의 여기저기를 돌아다니게 됩니다. 그리고 대부분 처음 자신이 접한 화면이나 주제와는 너무도 멀리 떨어진 인터넷상의 어떤 화면에 자신이 놓여 있게 되지요.

인터넷 서핑을 하다 보면 자신도 모르게 시간도 많이 흘러가고, 그 흘러간 시간만큼 깊이 있는 자료 검색보다는 종종 산만하고 별 의미 없는 시간만 보내게 되지요. 이메일만 확인하려고 컴퓨터를 켰다가 인터넷 쇼핑 사이트를 기웃거리기도 하고, 학술 논문을 찾으려고 검색을 시작했다가 연예가 스캔들 기사를 읽으며 대부분의 시간을 보내기도 합니다.

왜 그럴까요? 인터넷은 왜 우리의 정신을 산만하게 만들고, 우리의 시간을 의미 없이 흐르게 할까요? 인터넷의 어떤 점이 스스로 조절하기 어려운 중독성 요인까지 가질까요?

그중 하나는 아마도 인터넷의 가로 특성일 것입니다. 인터넷을 클릭하다 보면 옆으로 자꾸 퍼져나갑니다. 시간이 지나면서 점차 처음 자신이 있던 주제와는 동떨어진 주제에서 헤매고 있기 십상이지요. 가로의 특성은 옆으로 퍼지는 특성, 다양하지만 좀 산만하지요.

가로 특성과 반대되는 속성은 무엇일까요. 세로 특성이라 할 수 있지요. 가로 특성처럼 옆으로 산만하게 퍼지기보다 수직으로 곧추서 있는 세로 특성에서 집중의 깊이를 느낍니다. 자료를 모아놓았다는 것은 유사하지만 하나의 주제로 엮인 책은 세로 특성이 있다고 할까요. 인터넷처럼 옆으로 산만하게 퍼져나가는 것이 아니라 하나의 주제로 깊이 있게 들어가는 세로 특성을 가지고 있지요.

그래서 인터넷을 오래 하다 보면 정신이 산만해지고, 결과적으로 다양하지만 너저분한 정보를 많이 접하게 되지요. 하지만 책을 읽는 것은 정신적으로 집중해야 하는 작업이면서, 책장을 덮고 나면 하나의 주제를 깊이 생각하게 되지요.

정보를 취한다는 것은 같지만 이렇게 가로 방식의 인터넷과 세로 방식의 책 읽기는 다양과 집중이라는 다른 두 방향의 뇌를 사용합니다.

가로 방식은 손가락 하나로 편하게 클릭만 하면 쉽게 시간 가는 줄 모르고 정보의 늪에서 다소 수동적으로 보낼 수 있는데, 세로 방식은 일정 시간 의도적이고 능동적 집중을 해야 가능하지요. 그래서 책 읽기가 더 힘든 점이 있기도 합니다.

집중해서 책을 읽고 싶다면 '그뤼닝 학습법'을 제안한 크리스티안 그뤼닝의 《책 먹는 독서》에서 배울 점이 있습니다. 그는 독서 초보자들과 독서 고수들의 차이점을 이렇게 설명합니다.

"독서 초보자들은 집중력 지점을 이리저리 옮겨놓으며, 그것을 한 곳에 맞추지 않는다. 하지만 독서 고수들은 뒤통수, 즉 후두부가 불쑥 올라온 부위에 관심을 집중시키면서 편안한 각성 상태로 옮겨간다. 시야가 넓어지고 눈의 움직임도 원활해지며 의미 단위들을 파악하기가 더 쉬워져 집중력이 높아진다."

뇌의 구조상 뒤통수엽(후두엽)의 역할은 주로 시각적 정보를 받아들이는 것이니, 그뤼닝의 이론이 일리가 있지요.

실제로 책을 읽을 때 눈에 집중하거나 뇌의 이마엽(전두엽)이 있는 앞머리에 집중하기보다 시각적 정보 입력 처리를 하는 뇌의 뒤통수에 집중하여 책을 읽으면 좀 더 편하게 집중이 유지되는 것을 느낄 수 있을 것입니다.

산만한 가로 방식이냐, 좁게 집중하는 세로 방식이냐 하는 것에 인터넷과 책을 꾸겨 넣어 보았습니다. 산만과 집중의 관점에서 보면 세로 방식이 좋아 보이지만, 다양성 측면에서는 가로 방식이 장점이 있지요. 우리에게는 가로와 세로 두 축이 모두 필요합니다. 다만 지금의 인터넷 세상은 가로축이 조금 과하고, 세로축이 부족하다는 점이겠지요.

인터넷의 과다한 가로 세상에서 다소 부족한 세로 세상으로 조금은 옮겨 보아야겠지요.

가로 집중: 여행을 떠나요

앞의 글에서 인터넷과 책을 예로 들면서 다양하지만 다소 산만한 가로보다 세로 집중을 더 강조하다 보니, 세로가 가로보다 더 나은 느낌이 들지요. 하지만 이제 바꾸어 생각해 볼까요.

바다에는 왜 갈까요? 시원한 바람을 쐬기 위해? 하얀 물결 이는 힘찬 파도를 느끼기 위해? 여러 이유가 있겠지요. 가을 바다, 겨울 바다, 계절에 상관없이 바다는 마음이 답답할 때 가장 찾고 싶은 장소입니다. 넓은 바다를 바라보면 '와' 소리와 함께 가슴이 뻥 뚫리지요. 바다와 하늘로 나뉜 수평선은 이쪽 끝에서 저쪽 끝까지 펼쳐져 있고, 이를 보고 있으면 마음도 시원히 넓어집니다. 바쁜 일과 속에 좁아진 시선이 가로로 확 터지는 느낌이지요.

여행에서 가슴이 시원해지는 순간들은 이렇게 넓게 가로 방향으로 시야가 펼쳐지는 시간인 경우가 많습니다. 어쩌면 여행은 이렇게 가로의 시간을 갖기 위함이 아닐까요. 바다가 한눈에 들어오는 전망을 가진 객실은 시야가 막힌 반대편 객실보다 일반적으로 숙박료가 더 비싸지요. 비싼 비용을 내면서도 사람들은 확 터진 전망을 가진 방을 원합니다. 그것도 가로로 넓어진 시야를 경험하기 위함이지요.

바다 이야기를 했으니, 산으로 눈길을 돌려볼까요. 산에 오르는 것은 세로 방향의 경험입니다. 묵묵히 자기 발 앞을 보면서 좁은 길을 올라가지요. 그러다 정상에 오르면 시야가 확 트입니다. 얼굴과 등은 땀으로 범벅이 되었지만, 그렇게 확 트인 정상에 서면 '와' 소리와 함께 막혔던 가슴이 시원히 뚫리지요. 한동안 아무 말도 없이 산 아래 펼쳐진 장관을 온몸으로 받아들입니다. 산을 오르고 내리는 세로의 시간 후에 정상에서 가로의 시간을 잠시 만끽하는 것이지요.

바다든 산꼭대기든 갈 때까지의 길은 고생길입니다. 바다를 찾기 위해 막힌 도로를 지나야 하고, 산에 올라가기 위해 숨도 가쁘게 쉬어야 합니다. 왜 고생을 사서 하면서 바다와 산에 갈까요? 바로 가로의 시간을 느끼기 위해서입니다.

우리가 사는 일상은 좁게 집중되는 세로 방향성을 많이 추구하지요. 세로는 깊이가 있고 높낮이가 있어서 조직 구성도 그렇게 이루어져 있습니다. 공부도 깊게 집중할 것을 요구하니 세로 방식이라 할 수 있겠네요. 그렇게 세로의 일상을 살다가 여행에서 고정된 시야를 좌우 가로로 확 넓히니 가슴이 시원해지지요.

수평선과 지평선을 지금 바로 보기 어렵더라도, 지금 눈앞에 있는 모습에서 가로로 쭉 뻗은 가로 선을 찾아보고 그 선에 집중하며 조용히 시선을 따라가 보세요. 그동안 별로 시야를 두지 않았던 좌우 구석도 눈에 들어오지요.

야외에 있다면 하늘과 건물 혹은 산과 경계를 맺는 선을 쭉 따라가 보지요. 천천히 가로로 시야를 돌리다 보면 파노라마처럼 세상의 좌우를 보게 되지요. 가슴도 그 폭만큼 넓어지고요. 이를 '가로 집중'이라 할까요. 이전에 이야기한 선 집중 중 '세로 집중'은 깊고 좁게 집중력을 높여주지만, 가끔은 이렇게 '가로 집중'의 시간도 가져보곤 해 보세요. 세상은 내 좁은 시야보다 더 넓다는 것을 깨우치기도 하지요.

우리의 삶이 시간인 나이도 '수직'으로만 쌓이는 것이 아니라 '수평'으로 넓혀가는 조화라는 것을, 생태사학자 강판권 교수는 《나무 철학》에서 이렇게 이야기합니다.

"늙어감에 대한 두려움은 나이를 '수직'으로 생각하기 때문이다. 나이를 수직으로 생각하면 나이가 한 해마다 한 살씩 축적된다. 그래서 어느 시점에 이르면 한 해 한 해를 두려운 마음으로 보게 된다. 반면 나무의 나이는 수평이다. 나무는 수평으로 나이를 먹으면서 몸을 둥글게 만든다. 그래서 나무의 나이테는 진정한 연륜이다. 나무가 어떻게 해서 몸을 둥글게 만들 수 있었는지 그 비결을 아는 순간 비로소 인간도 나이를 의식하지 않고 평온하게 살아갈 길이 열릴지도 모른다. 나무는 수직과 수평, 종과 횡을 막힘없이 살기 때문에 몸을 둥글게 만들 수 있다. 나무의 줄기는 위로 향하지만 뿌리는 아래로 향하고, 나이테는 수평을 뻗는다. 한 쪽은 위로 향하면서 다른 한쪽은 아래로 향하는 절묘한 조화가 바로 나무의 삶이다."

앞의 글들에서 생각의 시작을 점 집중에서 선 집중으로 사고를 전환하다 보니, 선의 기본 구성인 가로와 세로 축으로 세상을 들여다보게 되는군요. 사실 한 점도 결국 가로와 세로가 만나는 점입니다. 다양하고 폭넓은 가로 세상과 좁지만 깊은 세로 세상의 조화가 나무의 나이테처럼 우리의 나이테를 만들어가겠지요.

데드라인? 스타트라인!

많은 할 일들이 가슴을 짓누를 때가 있습니다. 며칠 동안 손대지도 않고 있으면서 계속 가슴을 짓누르는 숙제 거리 말입니다. 어떤 과제가 새로 생긴다는 것은 그동안 평온했던 마음의 평형 상태가 깨진다는 것을 의미하지요. 이러한 상태는 그 과제가 해결될 때까지 다른 일을 하면서도 머릿속 어느 구석에 남아 계속 뇌를 혹사합니다.

자이가르닉 효과는 이를 잘 설명해 줍니다. 러시아의 심리학과 학생이던 블루마 자이가르닉과 그녀의 스승인 쿠르트 레빈이 1927년에 발표한 것인데, 이런 내용입니다.

"끝마치지 못하거나 완성되지 못한 일은 잘 잊히지 않고 마음속에 계속 떠오른다."

끝내지 않으면 계속 마음속에 남아 우리를 괴롭히는 여러 상황을 이겨내는 방법은 없을까요? 플로리다 주립대학의 로이 바우마이스터의 연구에서 그 해답의 실마리를 찾을 수 있습니다.

한 그룹에는 과제만 부여하고, 다른 그룹에는 과제와 함께 그 과제를 언제까지 어떤 방법으로 해결할 것인지 계획서도 작성하도록 했습니다. 두 그룹 모두 과제에 대한 압박감을 받으리라 생각되지만, 구체적 일정 계획서를 제출한 그룹은 과제만 부여된 그룹보다 스트레스에서 벗어나 있었다는 것이지요.

어떤 과제가 생겼을 때 우리의 무의식은 의식에게 "계획을 세우라"고 끊임없이 몰아세웁니다. 이러한 무의식의 요구는 적절한 긴장감을 주며 과업을 해결하는 에너지가 될 수도 있지만, 대부분 뇌 깊은 생각 회로 속에서 엄청난 스트레스를 유발하지요. 무의식의 요구를 잠재우는 방법은 간단합니다. 계획을 세우면 되지요. 계획을 세우는 순간부터 무의식은 그 문제를 가지고 더는 의식에게 달달 볶지 않습니다.

홍승권 교수는 여러 잡다한 생각이 떠오를 때 집중하는 방법을 "일정 잡고 생각 보류하기"라는 재미있는 표현으로 페이스북에 소개했습니다. 현재 하고 싶어 하는 일을 방해하는 다른 생각이 떠오를 때 그것을 일정으로 잡고 보류한다는 것이지요.

저도 책을 읽다 잡념이 생기면 종잇조각에 일단 그것을 적어 놓고, 그 생각을 뇌에서 종이로 옮겨 놓곤 합니다. 이렇게 생각을 뇌에서 종이로 옮겨 놓아 비워두면, 그 비워둔 공간을 현재에 집중할 수 있게 되지요.

조직에서 문제가 발생했을 때도 같은 방식으로 접근할 수 있겠지요. 잘 풀리지 않는 문제를 접할 때 우리 부서에서 함께 일하는 사람들에게 저는 이런 이야기를 하곤 합니다.

"그 문제는 다음 주 화요일까지는 생각하지 맙시다. 이번 주말 동안 그 문제는 머릿속에서 지워버리시고, 그때 다시 생각합시다."

현재 어떤 일을 하다가 갑자기 떠오르는 다른 생각들, 오늘 어떤 과제를 해나가다가 갑자기 걸려온 전화나 메일들. 이런 것들로 우리의 뇌는 엉키지요. 그래서 할 일 목록to do list을 이야기합니다. 할 일 목록은 스마트폰을 사용하든 메모지에 그냥 끼적이든 상황에 따라 사용할 수 있지요. 문제는 할 일 목록을 적는 방식입니다. 지금 당장 하지 않을 것들은 일단 급한 대로 항목만 적어 놓을 수도 있습니다. 하지만 이런 할 일 목록이 쌓이면 그 자체가 그대로 스트레스가 되지요.

몇 분 내로 해결할 수 없는 일, 즉 몇 시간이 필요한 일은 시간 꼬리표를 달아 놓아야 합니다. (사실 몇 분 내에 해결할 일들은 그냥 항목만 기록해 놓았다가 자투리 시간이 생겼을 때 하나하나 지워가며 스트레스 푸는 용도로 사용하면 되지요. 할 일 목록 하나하나 지우는 재미가 쏠쏠하지요. 문제는 항상 시간을 들여야 할 조금 무거운 과제들입니다.) 시간 꼬리표가 달리지 않은 할 일 목록은 머릿속을 빙빙 돌며 시도 때도 없이 우리 뇌에 과부하를 주지요.

시간 꼬리표 하면 일을 마무리하는 시간인 데드라인을 생각하는데, 더 중요한 것은 일을 시작하는 스타트라인입니다. 그런데 스타트라인의 의미를 스스로 재설정하는 것이 필요합니다. 스타트라인은 그때부터 그 일을 해야지 하는 의지의 표시라기보다, 그때까지 그 일을 잊어야지 하는 의지(!)의 표시라고 생각하면 어떨까요. '그때까지 그 일은 내 머릿속에 없어'라는 다짐입니다. 그리고 그 일에서 자유로워지십시오, 그때까지.

"데드라인은 그때까지 그 일에 집중하기 위해서, 스타트라인은 그때까지 그 일을 잊기 위해서."

이렇게 정리하면 어떨까요. 이제 머릿속을 비워 주세요. 스타트라인을 적어 놓고 최소한 그때까지는 그 생각을 잊어 주세요.

그 스타트라인이 되었는데, 그 일을 하고 싶지 않을 때는 어떻게 할까요? 그럴 때는 가차 없이 스타트라인을 다시 쓰세요. 스타트라인이 지났는데, 빨갛게 기한이 지난 할 일 목록을 보고 있는 스트레스보다는, 능동적(!)으로 스타트라인을 스스로 재설정하는 것이 나을 거예요.

보류 인생, 게으른 듯싶지만 더 중요한 것은 시작하지도 않은 일들에 머릿속 내어주는 것보다 현재에 집중하는 것이겠지요.

4장

✦

오른쪽 뇌 이야기:
큰 그림 그리기

평온과 공감

세세한 붓 터치도 필요하다.
큰 그림도 필요하다.
그래서 우리는 좌뇌와 우뇌라는
두 세상을 머리에 이고 산다.
두 세상은 나뉘어 있지 않고
연결되어 서로 주고받는다.
모니터의 작은 글씨에서 눈을 떼어
하늘을 바라보자.
무엇이 보이는가.
아무것도 보이지 않는다.
하늘이란 그저 텅 빈 공간일 뿐.
하지만 그 텅 빔을 바라본다.
평온함 속에서
공감하기 위해서는 텅 비워야 하나.

오른쪽으로 가보세요, 그러면 평온해져요

혹시 자신이 중풍에 걸린 것을 상상해 보셨나요?

한쪽 팔이 마비되어 밥숟가락도 들기 어렵고, 한쪽 다리가 마비되어 혼자 힘으로 제대로 걷기 어려운 상태. 뇌졸중은 환자 자신에게도, 그를 지켜보는 가족에게도 참 안타까운 질환이지요.

뇌 과학자들은 뇌 손상을 받은 환자를 관찰하면서 뇌의 세계를 연구합니다. 환자의 경험을 통해서 뇌가 정신과 신체에 미치는 영향을 간접적으로 파악하지요.

뇌 과학자 중에서 본인이 뇌졸중에 걸려 그 상황을 생생하게 우리에게 전달한 사람이 있습니다. 하버드 의대의 질 볼트 테일러 박사.

어느 날 아침 그녀는 심한 두통과 함께 오른 팔다리가 힘이 빠져 중심을 잡기 어렵게 됩니다. 왼쪽 뇌에 이상이 생긴 것이지요. 직장에 전화를 걸려고 하지만, 전화번호도 기억나지 않습니다. 겨우 명함을 찾아 통화를 시도해 보지만 그것도 뜻대로 안 됩니다. 좌뇌는 글자와 숫자를 인식하기 때문에 그녀는 전화번호를 숫자가 아닌 그림 패턴으로 인식해 명함과 전화기 숫자를 비교하며 겨우 전화를 겁니다. 하지만 전화기 속에서 들려오는 직장동료의 말을 이해할 수 없었습니다. 동료의 목소리나 자신의 말이 "워워"라고 강아지 짖는 소리로 들렸지요. 좌뇌는 언어 기능을 주로 맡기 때문에 그녀의 망가진 좌뇌는 다른 사람과 언어 교류를 할 수 없게 된 것입니다.

뇌를 들여다보면 뇌는 한 개의 공처럼 되어 있지 않아요. 좌우의 뇌가 거의 완전히 분리되어 있습니다. 뇌들보뇌량, corpus callosum라는 연결 부위를 제외하고는 말이지요. 그래서 우리는 두 개의 뇌로 살아간다고도 합니다. 우뇌와 좌뇌이지요. 뇌의 우반구는 좌반구와 관심 분야도 다르고, 일 처리 방식도 반대입니다. 우뇌는 통합적이고 전체적 그림을 그리는 것을 좋아하는 반면, 좌뇌는 하나하나 단계적으로 일을 처리하지요. 그래서 우뇌를 병렬 처리 프로세서로, 좌뇌를 직렬 처리 프로세서로 묘사하기도 합니다.

만약 뇌들보가 없었다면 우리는 우뇌와 좌뇌의 서로 다르게 추구하는 방향에 의해 이러지도 저러지도 못했을 거예요. 하지만 두 뇌반구 사이에 다리가 놓여 있지요. 좌우를 연결하는 뇌들보에는 3억 개의 축삭 섬유가 있습니다. 양측으로 나뉜 뇌를 가지고 있으면서도 하나의 개체로서 살 수 있는 것은 우뇌와 좌뇌가 뇌들보를 통해 서로 정보를 교환하고 적절하게 타협하기 때문이지요. 타협이라니, 부정적 느낌이 들지만 우리는 양측의 갈림길에서 평생을 한 가지 측면만 고집하고 살기는 어렵지요.

아 참, 뇌졸중에 걸린 테일러 박사 이야기를 하던 중이지요. 다행히 좌측 언어센터를 누르고 있던 핏덩어리를 제거하고 8년간의 재활 치료로 그녀는 회복했습니다. 당시의 흥미로운 경험을 《긍정의 뇌》와 TED에서 소개했지요.

그날 아침, 좌뇌가 제 기능을 못하자 그녀가 느끼는 세상은 이전과 달라졌습니다. 우뇌가 주로 작용하면서 세상과 나의 경계가 없어지고, 모든 것이 연결된 느낌이 들었다고 하지요. 좌뇌의 분주함이 사라진 곳에서 그녀는 우뇌의 평온을 느꼈나 봅니다.

오른쪽 뇌는 '지금 여기'here and now로 세상을 봅니다. 도道나 일부 종교의 세계에서 인간 세상의 여러 문제를 해결하는 방식으로 '지금 여기'라는 화두를 제시합니다. 그 속에서 평온감을 느낄 수 있다는 것이지요.

반면에 왼쪽 뇌는 이미 지나가 버린 과거와 아직 오지 않은 미래를 보려 합니다. 우리는 과거에 너무 파묻혀 우울해지거나, 미래에 집착해 불안에 빠지기도 하지요. 물론 왼쪽 뇌의 기능이 있어 우리는 과거로부터 배우고, 미래를 준비할 수 있지만 말입니다.

우뇌가 고요한 정적 상태라면, 좌뇌는 머릿속에서 끊임없이 속삭이는 수다쟁이라 할 수 있습니다. 하루에도 수없이 울려 퍼지는 머릿속 수다쟁이. 그것들이 우리를 반듯하게 나아가게 하기도 하지만, 그 소리 속에 파묻히게 되면 우울이나 불안에 빠지기도 하지요. 우뇌와 좌뇌는 각각의 다른 관점의 두 세계에서 뇌들보라는 연결 다리를 통해 소통하며 살라고 만들어져 있지요.

문제는 현대 사회가 너무 좌뇌를 강조하고 우선시한다는 데 있지요. 자타를 구분하면서 자기 존재를 명확히 하려는 좌뇌. 과거를 분석하고 미래를 기획하는 데 주어진 하루를 다 사용하다 보니, 좌뇌는 쉴 수가 없고 점점 커져가고 있을지 모릅니다. 우리의 하루 중에 우뇌가 작동하는 시간이 얼마나 되는지 생각해 보셨나요. 그냥 그대로 현재를 느끼는 시간이 얼마나 되나요. 자신과 주위의 세계 경계가 없는 일치감을 느껴 본 경험이 언제였나요.

이제 좌뇌도 대뇌의 반만 차지하듯이 자신에게 주어진 삶이란 시간도 반 정도만 좌뇌를 사용하고 나머지 반은 우뇌의 세계에 들어가 보면 어떨까요. 아하, 이 글을 기획하고 정리하고 고치는 것도 언어중추가 있는 좌뇌라고요. 그렇군요. 저도 그만 쓰고 우뇌의 세계로 들어가야겠습니다. 평온한 하루 보내세요.

5,700억 배

"내가 문제 하나 낼게. 이것 맞히면 당신이 오늘 원하는 대로 다 해 주지." 아침에 신문 기사를 보고 아내에게 질문을 던졌습니다. "뭔데?" 아내가 관심을 보입니다.

"태양보다 더 밝은 별이 발견되었다는데, 지금까지 발견된 별 중 가장 밝다고 하네. 이 별이 태양보다 몇 배나 밝을까?" 아내는 답을 10배부터 시작하더군요. 아내는 배수를 몇 번 더 올려서 답을 댔지만 끝내 정답을 대지 못했습니다.

정답은 5,700억 배. 그런 밝기를 가진 초신성이 발견되었다지요. 우리가 볼 수 있는 가장 밝은 물체로 태양을 꼽을 수 있습니다. 태양은 우리 눈으로 직접 오래 쳐다볼 수도 없고 가까이 가기에는 너무도 뜨거운 물체이지요. 핵폭탄이 폭발하면서 버섯구름이 피어 히로시마 하늘을 뒤덮은 사진을 봤을 거예요. 태양은 그런 핵폭발이 수없이 일어나는 뜨거운 열과 빛의 에너지 덩어리입니다. 그런 태양의 5,700배도 아니고 5,700억 배의 밝기라니, 그 밝기를 우리가 어찌 상상할 수 있겠어요.

우주의 크기. 제 작은 머리로는 도저히 그려지지 않는 공간입니다. 우리가 살아가는 3차원과는 다른 차원으로나 우주를 추정할 수 있다고 하지요. 그 우주를 우리는 매일 보고 살아갑니다. 바로 하늘이라는 큰 창을 통해서. 물론 우주의 끝을 우리는 볼 수 없지만, 하늘만 쳐다보아도 우리는 그 우주의 한 부분을 들여다보는 것이지요.

오늘 하루도 잘 풀리지 않는 일이 있어 답답하고 짜증나나요? 그러면 하늘을 보세요. 우주에는 수많은 은하계가 펼쳐져 있다고 하지요. 관측 가능한 우주에 1,700억 개 이상의 은하계가 있을 것으로 추정한다는데, 그 은하계 중 하나인 우리 은하계. 우리 은하계의 1,000억 개 별 중 한구석에 있는 태양계. 거기에 달린 지구. 그 지구 한구석의 작은 나라 한국.

오늘 하루 우리 어깨에 짊어지고 가야 할 문제는 어떤 크기일까요? 그 짐의 크기가 옆에 있는 사람의 것보다 크다고 여겨져 힘빠지고 낙담하곤 하지만, 그 크기를 우리 어깨높이 주위 존재들과 견주지 말고, 조금만 더 큰 것과 견준다면 어떨까요.

태양보다 5,700억 배 밝다는 초신성과 굳이 비교하지 않더라도, 천천히 숨 쉬며 하늘만 바라보아도 크고 무거웠던 문제들은 작디 작게 변해 있을지 모르지요. 혹시 문제의 크기는 변하지 않았더라도 그 문제를 미소 지으며 바라볼 여유는 생길 수도 있겠지요. 어떤 문제도 작다는 것을 넓은 우주는 가르쳐 줄 거예요.

우주를 생각해 보세요. 고개를 들어 하늘을 보세요.

평화와 미소

반대말을 찾아보곤 합니다. 외국어가 아니라 한국어도 이 나이가 되도록 그 뜻이 무엇인지 잘 모르는 경우가 종종 있지요. 어떤 말의 뜻을 제대로 알려면 그 반대말을 찾아보면 그 말의 뜻이 명확해집니다. 그래서 저는 어떤 단어의 뜻을 이해하려 할 때 반대말을 찾곤 합니다.

최근에 평화가 무엇일까 궁금해졌습니다. 숱하게 들은 말이지요. 성당 미사 중에 하는 인사에도 있지요. "평화를 빕니다." 최근에는 사회적으로도 평화라는 단어가 많이 사용되지요.

그런데 평화의 뜻이 무엇일까요. 한마디로 정의하기가 어렵더군요. 그래, 평화의 반대말을 알면 평화를 제대로 이해하겠지. 그렇게 생각해서 평화의 반대말을 찾아봤습니다. 쉽게 평화의 반대말을 찾을 수 있다고 생각했는데, 의외로 평화의 반대말에 여러 의견이 있더군요. 여러분은 평화의 반대말을 무엇이라 생각하시나요? 전쟁? 싸움? 갈등? 혼란? 시끄러움?

전쟁.《전쟁과 평화》라는 톨스토이의 소설 때문인지 사람들은 평화의 반대말로 먼저 전쟁을 떠올립니다. 하지만 평화는 전쟁의 반대말이라 가둬두기에는 비좁아 보입니다. 물론 평화가 전쟁이 없는 상태라는 뜻도 있지만, 평화는 평온하고 화목한 상태라는 더 넓은 뜻도 있지요.

평화平和에서 화和에 주목한 해석도 있습니다. 화和는 벼 화禾와 입 구口로 이루어져 있지요. 평화는 쌀이 각자의 입에 골고루 돌아가는 상태로 해석될 수 있습니다. 이런 측면에서 평화의 반대말은 갈등이나 싸움일 수도 있겠네요. 싸우지 않으려면 누구의 입에나 공평하게 먹을 것이 들어가야 하니 정치경제적 의미에서 평화는 그런 뜻도 있을 것입니다. 그러나 이것도 좁은 의미의 해석이 아닐까 싶군요.

평화를 생각하면 시끄러운 소음과는 떨어진 고요한 상태가 생각나기도 합니다. 하지만 평화는 고요함으로만 설명하기도 어렵습니다. 물론 마음의 평화는 시끄럽지 않고 고요한 상태이겠지만.

아무리 찾아봐도 평화가 무엇인지, 평화의 반대말이 무엇인지 잘 모르겠습니다. 이렇게 찾다 보니 '아, 내가 평화라는 말도 제대로 모르는구나!' 하는 것 하나만 알았습니다.

그저 숨을 쉬어봅니다. 천천히 숨을 쉬어봅니다. 틱낫한의 《마음에는 평화, 얼굴에는 미소》가 생각나는군요. 숨을 들이쉬며 평화를 마음에 앉히고, 숨을 내쉬며 미소를 얼굴에 지어봅니다.

평화는 어쩌면 그저 얼굴에 미소 짓는 상태일 수도 있겠지요. 머리 복잡하게 반대말 찾는 것을 멈추고 숨을 천천히 쉽니다. 평화로운 미소와 함께.

'ㅎ'자의 삶

'ㅎ'자의 삶에 대해서 들어보셨어요?

사람 사는 방식에는 'ㄱ'자의 삶이 있고, 'ㅎ'자의 삶이 있지요. 못 들어보셨다고요? 그러셨을 거예요. 어디에 나와 있는 것이 아니고 제가 지어낸 것이니까요.

세상에 많은 단어 중에 ㅎ자로 시작하는 것에는 어떤 것이 있나요? '하하, 호호, 히히' 등 웃음소리가 먼저 떠오릅니다. 문자나 댓글에서 가장 많이 쓰는 'ㅎㅎ'도 순전히 ㅎ자로 구성되어 있네요. 어떤 단어들이 떠오릅니까? '행복, 행운, 호흡' 등의 단어가 떠오릅니다.

ㅎ자는 훈민정음 맨 마지막 글자이니 가장 앞에 있는 ㄱ자를 볼까요. ㄱ자 하니까 가족, 건강, 경제라는 단어가 떠오릅니다. 어쩌면 이 세 단어가 한국 사회에서 최우선순위로 보입니다. 걱정, 근심, 격정, 격분도 ㄱ자로 떠오르는 단어들입니다. ㄱ자는 약간 격하거나 딱딱한 단어도 많이 생각나네요.

ㄱ과 ㅎ의 모양을 한번 비교해볼까요. ㄱ은 두 개의 직선이 직

각으로 연결되어 있지요. 각을 세운 글자입니다. ㅎ은 두 개의 선 아래에 원이 자리 잡고 있는 형상입니다. ㄱ과 ㅎ에서 각과 원의 차이가 보이네요.

ㄱ과 ㅎ을 발음해 보시겠습니까? ㄱ은 음이 들이마셔지면서 내 안으로 들어와 어느 곳에 꽉 멈추어야 소리가 납니다. 반면에 ㅎ은 입술이 가볍게 열리고 소리가 천천히 내쉬어지면서 바깥으로 퍼져야 소리가 나지요.

언어학자가 혹시 이 글을 보고 무슨 억지냐 하면 저는 할 말이 없습니다. 언어나 음성학에 문외한인 제가 순전히 개인적 느낌을 말하는 중이니까요.

저는 명상을 잘 알지는 못하지만, 제가 해 본 명상 중에서 기분을 평온하게 하며 기쁜 마음을 갖게 하는 것은 '미소 명상'입니다. 깊은 내용은 잘 모르고, 그냥 제가 숨 쉬면서 미소 짓는 것에, 그렇게 나름대로 이름을 붙여 보았습니다. 호흡을 깊게 들이마시고, 내쉬면서 미소를 짓는 것이지요. '헤~~' 하며 약간은 바보스러운 미소 지으면, 마음은 정말 순진한 바보처럼 평온해지고, 얼굴은 미소로 가득 차게 됩니다.

이외수의 《마음에서 마음으로》에 바보의 웃음에 대한 글이 나옵니다.

"우리가 바보를 보고 깨달아야 할 게 있는데, 바보는 늘 웃고 있다는 사실이다. 대학교수가 더 많이 웃고 사는가, 바보가 더 많이 웃고 사는가? 대학교수보다 바보가 몇 배나 더 많이 웃으며 산다. 머리를 많이 쓰면 행복하기 힘들다. 내 눈에는 바보들이 현자로 보인다. 그들의 모습에서 정말 많은 걸 배운다."

바보가 왜 행복해 보이나요? 혹시 항상 '헤헤' 하고 있어서 아닐까요. '헤~'를 하는 동안은 밖으로 내어줄 수밖에 없습니다. 자신이 아는 것도 가진 것도 없는 사람이 내어줄 수 있는 것은 '헤~' 하는 내쉼에 담긴 미소일 수밖에 없겠지요. 바보를 자처했던 김수환 추기경도 '헤~' 하는 바보 웃음을 잘 짓곤 했지요.

반면에 바보보다 몇 배 더 똑똑하고 아는 것이 많은 교수는 바쁘게 무엇인가를 더 읽고 머리에 더 담습니다. 그래야 탁월한 연구도 하고, 학생들에게 가르칠 수 있으니까요. 교수는 남에게 자신의 지식을 전달하니까 의미 있는 일을 하지요. 그런데 머릿속에 지식을 담고 자기 것으로 만들기만 한다면, 즉 내쉬지 않고 들이 담기만 한다면 그 교수는 'ㄱ'자의 삶을 사는 것이겠지요. ㄱ자로 시작하는 '교수'라는 단어처럼 ㅎ자 내쉼의 미소를 짓지 못해 홀로 머리가 지끈지끈 아플 수밖에 없지요.

ㄱ자의 삶과 ㅎ자의 삶. 어쩌면 훈민정음 맨 처음과 맨 끝처럼 다르게 느껴집니다. 두 글자 모두 우리에게 필요한 것이겠지요. 하지만 삶 속에서 혹시 우리 삶이 ㄱ자로만 너무 치우치지 않고 있는지 가끔 '헤~~' 내쉬는 바보 미소 명상을 하며, ㅎ자의 삶도 생각해 보시지요.

오늘도 ㅎ자를 많이 내쉬어 행복한 하루 보내시길….

'쉬다'에 담긴 세 가지 뜻

'쉬다'는 무슨 뜻일까요? 이렇게 간단한 말을 모르는 사람이 어디 있겠어요. 그래요. 쉬운 말이지요. 그래도 국어사전을 찾아보았습니다. 여러 뜻이 있더군요. 그중에 세 가지 뜻풀이가 눈에 들어왔습니다.

첫 번째는, 휴식으로서 '쉬다'이지요. '쉬다' 하면 맨 먼저 떠오르는 뜻풀이가 휴식입니다. '휴식'은 "하던 일을 멈추고 잠시 쉼"이라는 뜻입니다. 쉬려면 일단 멈추어야지요. 휴식休息의 휴休는 사람人이 나무木에 기대어 있는 모습에서 나온 말이라 하니 하던 일을 멈추고 나무 그늘에 기대어 쉬는 것이 휴식의 참모습이겠지요.

두 번째는, 숨을 쉬는 것으로서 '쉬다'이지요. 잘 쉬려면 제대로 쉬어야 합니다. 무엇을 제대로 쉬지요? 숨을 제대로 쉬어야 합니다. 하루 중 별 의식하지 않고 저절로 숨을 쉬고 있지만, 가쁘게 숨 쉬며 일하던 중에 잠시 멈추고 천천히 숨을 쉬는 것이 휴식의 기본일 수도 있지요.

동음이의어를 가지고 말장난하고 있다고요. 그렇지요. 말장난일 것 같은데, 옛사람들도 이 두 단어의 뿌리를 같게 두었나 봅니다. 휴식休息의 식息은 자기自의 마음心이라 하여 자기의 마음과 대화하는 것으로 풀이하기도 하지만, 식息의 원뜻은 코自와 가슴心을 드나들다, 즉 숨 쉬기의 의미이지요. 휴식休息은 사람이 나무에 기대어休, 숨을 쉬는 것息이지요. 그러니 잘 쉬려면 숨을 제대로 쉬어야 합니다.

세 번째는, 음식 같은 것이 상한다는 뜻으로서 '쉬다'입니다. 과하게 쉬면 쉬어버립니다. 쉬면서 힘을 충전하는 것이 아니라 몸과 마음이 너무 오래 쉬면 상하게 되지요. 쉼이든 일이든 권력이든 너무 과하면 쉬어버립니다. 살면서 잠시 멈춤은 이렇듯 쉬어버리지 않고 생생한 삶을 위해 필요하겠지요.

언어의 기원을 따라가다 보면 이렇게 다른 의미의 '쉬다'도 어떤 연결고리가 있겠지요. 그래서 같은 음으로 사람들이 오랜 세월 사용해왔는지 모릅니다. 어쨌든 '쉬다'를 세 가지 차원에서 생각해 보면, 쉰다는 것은 우선 멈춤이고, 잘 쉬려면 잠시 멈추어 제대로 숨을 쉬어야 하지만, 너무 쉬면 상하게 된다는 가르침이겠지요.

오늘도 잘 쉬고, 제대로 숨 쉬어, 쉬어버리지 않은 하루를 보내시길 바랍니다.

오지랖 넓은 뇌

'이게 뭐지?' 우리의 뇌는 항상 호기심으로 가득 차 있습니다. 무엇인가를 끊임없이 관찰하고 알아내고 싶어 하지요. 서 있기보다 앉아 있고, 앉아 있기보다 누워 있고 싶어하는 몸과 달리 머릿속 뇌는 한순간도 쉬려고 하지 않습니다.

뇌의 분주함은 여러 분야의 과학적 발전을 이루는 데 기여했지요. 정말 작디작은 분야를 누군가의 뇌가 궁금해하며 이것저것 알아보고 공부하게 되지요. 그러다 간혹 새로운 것을 발견합니다. 하지만 그 새로운 지식이 당장 우리의 생활을 바꾸기는 쉽지 않지요. 하지만 지구 어디에선가 있는 또 다른 뇌는 다른 것에 관심을 가지고 호기심 어린 눈으로 관찰합니다. 그러다가 또 다른 새로운 것을 알게 되지요. 그렇게 알게 된 여러 지식 조각들을 누군가의 뇌는 퍼즐 하듯이 연결하여 우리 생활에 변화를 주는 아이디어와 물건을 만들어내지요. 뇌는 호기심 덩어리입니다.

반면에 쉬지 않고 계속 작동하려는 뇌는 종종 과부하가 걸리기도 합니다. 뇌가 스스로 제어할 수 없을 정도로 분주하게 되면 스트레스의 주범이 되고, 신체적·정신적 문제들이 생깁니다. 좋지 않은 과거에 대한 생각들로 뇌 안이 차면 우울감에 빠지게 되고, 예측하기 어려운 미래에 대한 생각에 뇌가 너무 빠지면 불안감이 생기지요. 그에 따른 불면, 두통, 피로감 같은 증세를 우리 몸에서 느끼게 됩니다.

생각하기 좋아하고 쉬지 않으려는 뇌. 분주한 뇌를 가끔은 꺼놓아야 합니다. 아, 완전히 끈다면 뇌사가 될 테니, 최소 작동만 되도록 하는 절전 모드 정도로 꺼 놓아야지요. 그렇게 뇌를 쉬게 하는 여러 방법이 있습니다. 고요한 숲을 산책한다든지, 자리에 앉아 눈을 감고 천천히 호흡하며 명상을 하는 것은 분주한 뇌에 쉼표를 줍니다. 명상의 방법 중 하나는 그저 끊임없이 떠오르는 생각들을 가만히 바라보고 있는 것이지요. 그러다 보면 뇌의 구석구석에서 삐죽삐죽 나오던 생각 조각들이 자신을 바라보는 또 하나의 나를 느끼며 쭈뼛쭈뼛하다 잠잠해지곤 합니다.

목 아래의 몸과 목 위에 있는 뇌는 이렇듯 다르지요. 조금 더 쉬려는 목 아래 몸과 계속 생각들을 만들어내는 목 위의 머리. 그 둘이 조화를 잘 이루어야겠지요. 조직의 우두머리가 계속 몰아친다고 조직 구성원들이 빠릿빠릿하게 움직이지 않듯이, 머리와 몸의 슬기로운 균형이 필요합니다. 특히 일상의 쉼표인 주말에 가끔 돌아봐야 합니다.

동네 모든 문제에 이것저것 참견하는 오지랖 넓은 아주머니처럼, 뇌가 여러 잡생각을 만들어내 뇌를 꽉 채우고 있지는 않은지 살며시 뇌 안을 들여다보세요. 그리고 이제 뇌를 평온한 절전 모드로 잠시 꺼놓을까요.

　'뚝.'

고요한 뇌

우리가 특정한 활동을 하지 않고 가만히 있을 때 뇌는 어떤 상태가 될까요? 이 주제에 대해 DMN^{default mode network}이라는, 우리가 생각지 못한 새로운 개념이 등장합니다. 우리가 특정한 활동을 하지 않고 가만히 있을 때도 뇌는 쉬지 않고 활성화되는 부위가 있다는 겁니다.

앞쪽 뇌인 앞이마엽(전전두엽)은 생각의 뇌라 하지요. 우리의 생각은 시도 때도 없이 가만히 있지 않고 나타납니다. 뒤쪽 뇌에서 입력된 여러 정보를 해석하고 판단하여 지시를 내리려 하는 것이 앞쪽 뇌의 주요 역할입니다.

그러나 불교에서는 흔히 "그 생각을 놓아라. 마음을 비우라"고 이야기합니다. 생각을 버린 상태, 즉 컴퓨터의 초기(default) 상태처럼 뇌가 생각이라는 프로그램을 돌리지 않고 조용히 머물러 있는 상태를 DMN이 활성화되었다고 합니다.

생각을 멈추고 멍하게 편히 쉬거나 명상하는 것도 이렇게 고요한 뇌를 만들지요. '나는 누구인가'라는 자아 성찰이나, 내가 진정으로 원하는 것이 무엇인가라는 자아 인식, 감정 조절을 하며 무의식중에 해결책을 찾는 기능, 내 마음 깊은 곳에서 일어나는 내적 활동으로 활성화되는 DMN의 뇌 영역이 뇌 과학의 발달로 하나하나 밝혀지고 있더군요.

여행 가서 멋진 경치를 보고 넋이 빠져 '참 좋다'고 느끼는 순간, 좋은 음악을 아무 생각 없이 빠져 듣고 있는 상태, 운동하며 그 자체에 몰입된 상태는 도에 이른 상태와 비슷하지요. 명상할 때 현재 순간에 깨어 있으라고 합니다. 과거의 감정을 해석하고 파묻히거나 미래에 대한 걱정 등으로 뇌가 과부하 걸리지 않도록 하고 현재를 제대로 살라고 하지요. 이는 시끄럽고 번삽한 여러 소음을 차단한 고요한 뇌의 상태에서 가능합니다.

최정상급 선수들이나 예술가의 무아지경의 상태는 뒤쪽 뇌에 입력된 정보 그 자체를 그대로 느끼고 받아들이는 것이지요. 일일이 생각의 뇌인 앞이마엽(전전두엽)이 해석하고 지시를 내리면 무엇인가 자연스럽지 못하고 긴장된 상태가 되어 좋지 않은 결과를 초래합니다.

예를 들어 골프를 칠 때 아무 생각 없이 쳐야 자연스럽게 스윙이 되는데, 아마추어는 공을 앞에 두고 백스윙에서 손의 위치는 어떻고, 클럽의 각도는 어떻고 등등 생각이 많아지게 되지요. 생각이 많으면 많을수록 자연스러운 몸의 움직임은 나오지 않고 억지스러운 행동이 나오게 됩니다. 프로선수들이 스타트 박스에 들어가면 아무 생각 없이 운동해야 한다는 이야기도 이런 뇌의 상태와 관련이 있습니다.

여유를 가지지 못하는 우리나라 사람들은 여행도 빡빡한 일정 속에서 숙제하듯이 하고, 좋은 것을 구경하면서도 동시에 귀갓길 교통 상황을 걱정합니다. 운동하면서도 이어폰으로 무엇을 듣고 있거나 헬스클럽 러닝머신에서 텔레비전을 보며 달리기를 하지요. 이렇게 해서는 휴식 상태의 뇌가 될 수 없습니다.

현대인들은 앞이마엽(전전두엽)이 과부하가 되면서 제대로 된 지시가 아닌 짜증이 출력되고 근육도 경직되고 스트레스 호르몬인 코티솔이 과다 분비되고, 심리적으로 우울감에 빠지게도 되지요. 삶이 고달프다고 느끼는 것은 몸이 지친 것이 아니고, 앞이마엽(전전두엽)이 지쳐 있기 때문입니다.

뒤쪽 뇌에서 받은 정보를 그 자체로 느끼고 음미하여, 앞쪽 뇌로 연결되지 않도록 차단된 상태, 즉 고민하고 판단하고 계획하는 생각 뇌인 앞쪽 뇌를 쉬게 하여 생각을 놓은 상태가 우리의 뇌가 고요하게 원래default 되어 있는 상태이겠지요.

이제 저도 고요한 뇌의 상태에 들어가야겠습니다. 편안한 시간 보내세요.

〈불후의 명곡〉과 페이스북의 버튼

불이 꺼졌습니다. 버튼은 눌러졌고, 둥둥둥 빨라지는 음악 소리와 함께 한쪽 불은 꺼졌습니다. 꺼진 쪽에 서 있던 이는 불이 계속 켜진 쪽에 있는 사람에게 축하의 말을 건네고는 무대에서 내려오지요. 노래 경연 프로그램 〈불후의 명곡〉에서 연출되는 장면입니다.

여기서 패자들이 자신의 패배를 정말 담담하게 받아들이는 모습이 늘 이상했지요. 아니, 자신의 무대를 패배라고 생각지 않는 것 같았어요. 사실 한 명 말고는 모두 몇 번 버텨보다가 불 꺼지면 내려오는데도 말입니다. 그렇게 내려와서는 기다리고 있던 동료들과 낄낄거리며 농담을 하고 파안대소하기도 합니다. 왜 패자들만 모여 있는데도 이렇게 유쾌한 분위기가 만들어지는 걸까요.

〈불후의 명곡〉에서는 판정단이 순위를 매기지 않습니다. 그저 가수는 무대를 준비하고, 관객은 자신이 감동하면 버튼을 누르지요. 아무리 이상한 노래라도 한 명 이상은 감동하고, 아무리 완벽한 노래라도 모든 사람을 감동시키지는 못합니다. 〈불후의 명곡〉 판정단인 관객은 점수를 매기지 않고 각자 버튼을 누름으로써 그저 감동했다는 의사 표현을 할 뿐이지요. 여기에는 가수와 냉정한 평가자가 있는 것이 아니고, 가수와 그 노래에 뜨겁게 감동한 관객이 있을 뿐입니다.

〈불후의 명곡〉을 보면서 '페이스북'을 생각했습니다. 페이스북이 왜 이리 급성장했을까? 왜 페이스북에서는 모르는 사람끼리도 금세 친한 '친구'가 되어버리는 걸까? 그 이유를 생각하다 '좋아요' 버튼에 눈이 갔습니다. 만약 페이스북에 '싫어요'나 '점수 평가' 버튼이 있다면, 분위기가 지금과 같았을까? '친구'가 아닌 '평가자'만 남아 있는 페이스북. 정말 상상하기 싫습니다.

페이스북이 이런 가족적 분위기로 급성장한 배경에는 페이스북에 '싫어요' 버튼은 없고 '좋아요' 버튼만 있어서일지 모르지요. 사람 사는 것에 굳이 싫은 사람을 만나 싫다는 의사 표현하며, 감정 싸움하고 살 이유가 없다는 것을 페이스북에서 다시금 경험합니다.

어쨌든 페이스북에 '좋아요' 버튼이 있어서 다행입니다. 오늘도 저는 '좋아요' 버튼을 누릅니다.

공감과 비공감

"여기 형제자매들의 죽음에 누가 애통해하고 있습니까? 이 배를 탄 사람들을 위해 누가 울고 있습니까? 어린 것들을 안고 있는 이 젊은 엄마들을 위해, 가족을 위해 일자리를 찾아 나선 이 남자들을 위해서 누가? 우리는 어떻게 울어야 할지를, 어떻게 연민을 경험해야 할지를 잊었습니다. 이웃과 함께하는 '고통' 말입니다. 무관심의 세계화가 우리에게서 눈물을 흘릴 줄 아는 능력을 앗아가 버렸습니다."

프란치스코 교황이 즉위 후 첫 국외 방문지로 람페두사 섬을 찾아 미사 강론에서 남긴 말씀입니다. 이 섬은 이탈리아 최남단에 위치해 북아프리카에 가깝지요. 수많은 아프리카 난민들이 보트 하나에 의지해 바다를 건너는 목숨을 건 밀항지입니다. 우리가 별 관심을 두지 않는 이곳에서 지난 25년간 사망한 보트 난민이 2만 5천 명에 이른다지요.

세상은 어떻게 나뉠까요? 진보와 보수, 둘로 나눌 수 있을까요? 세상은 오히려 공감하는 자와 공감하지 않는 자로 나뉘는 것이 아닐까요.

세상에 사고나 전쟁 등 어려운 일이 일어났을 때 그것이 자신의 일인 양 아파하는 이가 있고, 자신의 이해관계에 따라 자신과 그것을 멀리 떼어놓고 구분하려는 사람이 있습니다. 그것은 진보와 보수라는 시각이 아니라 공감과 비공감의 차이지요.

아픔을 자신의 아픔으로 느끼게 되면, 그 아픔이 지속되지 않게 사회적 변화를 바라게 되고, 그에 따라 기존의 체계를 바꾸려는 움직임에 동참하기도 합니다. 그래서 어려운 사람에 대한 공감이 사회적 문제에 진보적 입장을 취하게끔 하지요.

하지만 자칭 진보주의자 중에도 남의 아픔에 공감하기보다 시스템의 틀에서만 사고하고, 사람보다 이념을 앞세우는 차가운 이들도 있습니다. 반면에 자칭 보수주의자 중에도 어머니의 마음으로 어려운 이들을 품는 따뜻한 이들도 있지요.

사회학이나 정치학으로는 세상이 진보와 보수로 나뉘겠지만, 저에게 세상은 공감과 비공감으로 나뉩니다. 비공감은 아와 타를 구별하는 것이고, 공감은 아와 타가 하나가 되려는 것입니다. 공감한다는 것은 주위에 눈을 돌려 눈물을 함께 흘리는 것이겠지요. 잠시 잊어버린 눈물을.

동의는 안 하더라도 공감만은

'동의'는 안 하셔도 됩니다. 조금이라도 '공감'한다면야.

세상을 이해하는 우리의 뇌는 다 다릅니다. 살아가면서 보고 경험한 것도 다르고, 듣고 읽은 것도 다르니 뇌에는 각자 다 다른 세상이 있지요. 지구상의 뇌, 아니 역사상의 뇌, 그 수많은 뇌는 다 다르게 세상을 보고 해석할 겁니다.

그래서 다른 사람의 생각을 온전히 다 이해하고 동의한다는 것은 쉽지 않지요. 어쩌면 불가능한 일일 겁니다. 동의하기 위해서는 그렇게 형성된 상대방의 뇌를 해석하고 이해하려는 수고가 있어야겠지요.

반면에 공감은 또 다른 차원입니다. 다른 사람의 아픈 마음을 함께하는 것은 자연스러운 반응이지요. 공감의 눈물은, 공감의 미소는 저절로 나오는 것입니다. 살아있는 뜨거운 심장을 가지고 있다면.

뇌 과학으로 보면 '동의'는 뇌 위쪽의 대뇌피질 영역이고, '공감'은 뇌 아래쪽의 변연계 영역이지요. 인문학으로 보면 '동의'는 머리에서 일어나는 일이고, '공감'은 가슴에서 일어나는 일이지요.

복잡하고 각자 다르게 해석하는 머리보다, 가슴은 조금 더 단순하고 즉각적인 자연스러운 반응을 보입니다. 머릿속 뇌 주름은 생긴 만큼 복잡하지만, 심장 모양은 그래도 상대적으로 단순합니다. 그래서 머릿속 뇌가 일으키는 생각은 다 다르지만, 가슴속 심장의 뜨거움은 비슷한가 봅니다.

세상의 어지러움이, 작은 세상 페이스북에도 어지럽게 나타나곤 합니다. 이런 흐름은 선거가 치러지거나 정치적 사건이 발생하면 더 치열하게 일어납니다. 여러 사람의 다양한 의견이 페이스북에 올라오고, 간혹 댓글 논쟁이 붙기도 하지요. 페이스북에는 agree 개념의 '동의'가 아니라 like 개념의 '좋아요' 단추가 있습니다. 그것은 세상을 찬성 반대 둘로 나누는 강요의 단추가 아니고, 나도 함께 공감하고 하나가 되는 자발적 단추입니다. 머리로는 전부를 다 동의할 수 없더라도 가슴으로 공감하는 부분이 있을 때 우리는 '좋아요'를 누릅니다.

우리 사회를 이끌어가는 리더들이 저와 생각은 조금 다르더라도, 사회적으로 공감하는 따뜻한 가슴을 지녔으면 좋겠습니다. 어떤 일에 가슴으로 함께 공감할 수 있는 리더를 저는 갖고 싶습니다. 머리로 동의가 안 된 사람을 가슴으로 미워하지 않는 사회, 그것이 우리가 지향하는 세상이겠지요.

모두가 한 가지 의견으로 동의되는 사회, 모두한테 똑같은 동의를 요구하는 획일화된 무서운 사회 말고, 다양한 의견을 가진 사람이 함께 공감하는 따뜻한 세상 말입니다.

참 표정이 없었습니다

참 표정이 없었습니다. 의과대학을 다니며 선배 젊은 강사들이 언제가부터 표정이 없어진다는 것을 느꼈습니다. 학생 때 생기 넘치는 선배들이었는데, 병원 시집살이가 힘든 것인지 몇 년이 지나다 보면 얼굴에서 생기가 사라져요. 간혹 그 혹독하다는 대학병원 시집살이에서도 활기와 여유를 갖춘 선배들을 보면 존경스러웠습니다.

'무표정해지지 말자!' 이리 결심했지요. 아니, 이것만은 자신 있었지요. 환자를 대할 때 사무적이고 무표정한 얼굴로 대하지는 않을 것이라 자신했지요.

하지만 어느덧 시간이 흘러 환자를 치료하는 것도, 전공의나 학생을 가르치는 것도 익숙해지면서 점차 저 자신 표정이 없어지는 것을 느꼈습니다. 거울을 보며 표정 연습도 해 보지만, 무표정하다 못해 환자에게 화를 내고 있는 제 모습을 종종 볼 때가 있습니다.

환자들은 아파서 상을 찡그리거나 질환에 대해 근심 어려 있거나, 삶의 여러 스트레스로 인해 어두운 표정으로 의사를 찾아옵니다. (가끔은 항상 밝은 표정의 환자도 만나기는 합니다만.) 이렇게 웃음을 잃은 대부분 환자에게 의사가 해 줄 일은 웃음을 찾아주는 일이 아닐까요.

"웃음을 찾아주는 사람. 그래 바로 그건 개그맨 같은 역할을 하는 거야. 웃음을 잃은 환자에게."

몇 년 전 전공의 수련을 마치는 제자들에게 사은회 자리에서 해준 말입니다. "환자에게 웃음을 주는 개그맨 같은 의사가 되자." 그건 아마 점차 무표정해지는 저 자신에게 하는 말이었을 거예요. 원래 선생들이란 자신이 못하는 것을 제자들에게 요구하잖아요.

지난해 어느 주일 미사 중 꾸벅꾸벅 졸면서 성가를 따라 부르다 눈이 번쩍 떠졌습니다. 〈사랑이 없으면〉이라는 성가 때문이었지요. 자주 불러온 성가인데 그날따라 노랫말이 뒤통수를 쾅 쳤습니다. 그래요. 제가 생각했던 것에 하나가 더해져야 하는 것이었지요.

환자에게 웃음을 찾아주는 개그맨 같은 의사가 되자고 했는데, '사랑이 없으면' 환자에게 웃음을 파는 사람에 다름이 없지요. 맞습니다. '사랑이 없으면' 제아무리 훌륭하다는 것들도 아무것도 아닌 쇼에 불과한 거예요.

환자를 보는 것뿐 아니라, 어떤 일을 하든 주위 사람에게 웃음을 줄 수 있다는 것은 그것이 무슨 일이 되었건 참 대단한 일일 겁니다. 그러나 웃음을 주는 사람이 마음 없는 웃음을 파는 사람이 되지 않으려면, 그 바탕에 사랑하는 마음이 있어야겠지요.

생기 있는 표정 하나 짓기도 어려워하는 제게는 너무 어려운 과제지만, 그래도 "사랑이 없으면 나는 아무것도 아닙니다."

미소는 주는 것이지 갖는 것이 아니다

"고개를 이쪽으로 조금만 돌리세요. 안경은 조금 낮추고요. 아니요. 아니요. 고개를 약간 숙이셔야 합니다. 예, 예, 자연스럽게 미소 지으시고요."

사진사는 여러 요구를 하지요. 미소 지으라는 요구에 맞추어 애를 써보지만 그럴수록 표정은 더 어색해집니다. 예전엔 사진관 카메라 앞에만 서면 다들 왜 표정이 굳어졌을까요.

요즘은 누구나 휴대폰으로 언제 어디서나 사진을 찍는 시대이니 조금 나아졌을까요. 그래도 여전히 사진 찍을 때 미소 짓기는 쉽지 않습니다.

왜 사진을 찍을 때 이리도 어색해질까요. 얼마 전에 한번 달리 생각해 봤습니다. 뭐 대단한 것은 아니고요. 단지 관점의 변화이지요. 과연 누구를 위해 미소를 짓는 것일까. '미소는 주는 것이지 갖는 것이 아니다.'

다른 사람들 앞에서 더 예쁘게 보이려고 미소를 자신의 얼굴에 그리려 합니다. 그러다 보면 그 미소는 자신의 얼굴 위에 가면을 씌우는 것 같아 더욱 어색해져요. 미소를 자신의 치장에 쓰려다

보니 자신의 얼굴에 미소를 만들어 가지려 합니다. 그러니 미소가 어색할 수밖에 없겠지요.

선거철이 되면 정치인들은 미소 띤 얼굴로 선거 포스터를 만듭니다. 평소 어려운 일 겪고 있는 사람들에게 따뜻한 눈길 한번 주지 않다가 없는 미소를 지으려니 어색하겠지요.

좀비에게 없는 것, 그것은 미소이지요. 그러니 미소는 살아있다는 증거이고 그 자체로 생명입니다. 표정 없는 좀비 같은 얼굴을 하다가 카메라 앞에서만 미소 띤 얼굴로 화장하려 하지 말고, 살아있는 동안에 더 자주 미소 지으며 살아야겠지요.

가진 것 하나 없다 여겨질 때, 남에게 줄 것이라곤 나의 주머니에 아무것도 남아 있지 않을 때, 그래도 전해줄 수 있는 것은 미소이겠지요.

아직도 사진 찍을 때 어색하지만, 그래도 미소를 이렇게 대하니 좀 편안해졌습니다. 미소는 자신이 가지려 짓는 것이 아니라 남에게 주는 것이지요. 그러니 어색하게 자신에게 남기려고 하지 말고 전해주세요.

그들은 밤새 무슨 이야기를 나누었을까

그녀와 그는 무슨 이야기를 나누었을까요? 밤새도록. 하지만 저는 압니다. 두 사람은 한 마디 말도 나누지 않았습니다. 그는 한국인이고 그녀는 러시아인인데, 서로 상대방의 언어를 한 마디도 모르기 때문이지요. 하지만 그 둘은 밤새 이야기를 나누었습니다. 말없이.

언젠가 대학생 러시아 봉사활동을 지도교수로 함께 갔던 적이 있습니다. 소련이 붕괴되고 러시아가 경제적으로 매우 어렵던 시절에 블라디보스토크의 한 마을에 도착했지요. 학생들은 근로 봉사도 하고, 저는 진료활동도 하며 3주를 보냈습니다.

문제는 마지막 주에 일어났습니다. 봉사활동 왔던 한국인 대학생과 그곳 러시아 소녀가 심상치 않은 관계가 된 거예요. 지역 러시아 청년들과 혹시 시비라도 일어날까봐 저녁 시간이 되면 숙소 출입을 통제했어요. 그런데 어떻게 그 학생과 그 소녀가 만나게 되었는지는 불가사의입니다. 사랑의 큐피드 화살은 서로의 가슴에 당겨졌고, 그 짧은 시간에 그 둘은 사랑에 빠져 버렸습니다.

그렇게 언어가 서로 통하지 않으면서도 사랑에 빠져 버린 두 사람의 이야기가 그곳을 떠나기 며칠 전부터 화제가 되었습니다. 마침내 마지막 날이 되었습니다. 함께 간 교수님과 상의하여 결국 야간 통제를 그 두 사람에게 부분적으로 풀어줄 수밖에 없었습니다. 그 둘은 그렇게 우리 숙소 현관에서 밤새 함께 앉아 러시아에서의 마지막 밤을 보냈습니다.

그때까지 사실 저는 반신반의했습니다. '아니 말도 한마디 제대로 통하지 않는데, 어떻게 사랑에 빠져?' 하지만 저는 그 생각을 바꾸게 되었습니다. 그녀의 눈동자를 보고 나서였지요. 우리가 탄 버스는 출발하기 위해 시동을 걸었습니다. 그때까지 그 둘은 서로의 눈을 떼지 않고 사랑스럽게 쳐다보고 있었지요. 저도 안쓰럽게 그들의 이별 장면을 바라보았습니다. 그리고 그녀의 눈동자를 보았을 때 느꼈습니다. '아, 이 둘은 정말 사랑하고 있구나.' 귀국 후 그 뒷이야기는 저도 듣지 못했습니다.

하지만 제게는 그녀의 눈동자가 아직도 떠오릅니다. 사랑하는 사람을 떠나보내는 소녀의 모습.

그 둘은 밤새 어떤 이야기를 나누었을까, 아니 어떻게 아무런 이야기를 나누지 못하고도 사랑에 빠질 수 있을까, 하는 생각들이 머릿속에서 맴돌았지요.

사랑은 이해의 차원이 아니라 그냥 끌림일지 모릅니다. 사랑은 이해를 전제로 하지 않지요. 뇌를 공부하다 보면 우뇌는 자기와 자신의 바깥 경계를 허물고 전체를 하나로 연결하여 보는 경향이 있습니다. 반면에 좌뇌는 자기와 타인 혹은 바깥 세계와 하나하나 구분 지으려는 경향이 있지요.

어쩌면 사랑은 우뇌가 주로 작용하면서 나와 너의 경계가 무너지는 상태인지 모릅니다. 그렇게 본다면 좌뇌가 주로 작용하는 언어가 사랑에 꼭 필요한 것은 아닐지 모르지요. 좋아한다는 것은 이유가 있지만, 사랑은 이유가 없다는 말을 들었습니다. 잘 생겨서 좋아할 수도 있고, 예뻐서 좋아할 수도 있고, 키가 커서 좋아할 수도 있고, 명품이라서 좋아할 수도 있고, 맛있어서 좋아할 수도 있지요.

하지만 사랑은 딱히 이유가 없습니다. 어머니가 아이를 사랑하는 데 논리적 이유를 댈 수 있을까요. 전혀 어울리지 않을 것 같은 두 사람이 사랑에 빠진 이유를 누가 알 수 있을까요. 사랑은 이렇게 이해를 전제로 하는 것도 아니고, 이유가 꼭 필요한 것도 아닌 성싶습니다.

영화 〈흐르는 강물처럼〉에 이런 대사가 있다지요.

"완전히 이해할 수는 없어도 온전히 사랑할 수는 있는 겁니다."

그저 사랑하십시오. 좌뇌로 너무 하나하나 따지지 말고.

보름마다 사흘씩 그대 하고 싶은 대로

12월 첫 주말, 현인을 만났습니다. 우연히 먼 거리 택시를 타게 되었지요. 택시 기사님과 이야기를 나누며 가던 중 귀한 가르침을 주더군요. 정말 귀한 가르침이었습니다.

IMF 사태 때 직장을 잃고 잠시 다른 일을 해보다 그것도 정리하고 잡게 된 택시 운전대. 그가 8년 전부터 아내와 함께 지내는 방법을 택시 안에서 알려주었지요. 그것은 간단했습니다. 한 달에 첫 보름은 아내가 하고 싶은 것을 3일 함께하고, 나머지 보름 중 3일은 자신이 하고 싶은 것을 함께한다는 것이지요. 물론 일정에 따라 날짜는 서로 조정할 수 있지만, 3일 우선권은 그대로 존중해 주는 것이지요.

기사님의 이야기를 들으니《무엇이든 할 수 있는 자유, 아무것도 하지 않을 자유》라는 책을 쓴 현대 무용가 홍신자가 생각났습니다. 한양대 문화인류학과 석좌교수인 독일인 남편 베르너 사세와 "Love is play"라며 70세에 결혼한 홍신자. 그녀는 말합니다. 결혼한다는 것은 그 사람이 "가자, 먹자, 하자"라고 말할 때 "No"

라고 말하지 않고 함께해 주는 거라고.

그냥 아는 사람의 제안은 "No"라고 말할 수 있지만, 배우자의 함께하자는 제안에 "No"라고 말하지 않고 일단 해주는 것. 결혼이란 함께 산다는 것인데, 하루가 아니라 수십 년을, 아니 평생을 함께 살겠다는 약속이지요. 그러니 지금 한 시간, 오늘 하루 배우자가 함께하고 싶은 것 해 주어도 또 다른 날들이 있는 것, 그것이 결혼이지요.

몇 해 전에 홍신자의 결혼관을 듣고 고개를 끄덕였는데, 그 구체적 방법론을 택시를 모는 현인에게 전수받게 된 게지요.

보름마다 사흘씩 그대 하고 싶은 대로 그저 따라 하기. 참 간단한 방법이지요. 그러나 택시 사부님도 그렇게 8년간 처음 그대로 하기는 쉽지 않았나 봅니다. 첫 두세 달 하고 나니 사흘씩 함께할 것도 마땅찮아 그냥 한 달에 각자 하루씩으로 줄였다고 합니다. 그렇게 예닐곱 달 하다 보니 함께할 것들이 점차 많아져 이틀씩 늘렸다가 다시 사흘로 복원하여 지금에 이르게 되었다지요. 처음에는 하루 함께하는 것도 어색하기만 하고, 이틀 계획 잡고 여행을 떠났다가 할 일도 없어서 그날 밤에 그냥 돌아온 적도 있다더군요.

그런데 이제는 기다려진답니다. 택시 사부님 표현대로라면 한 달에 사흘씩 두 번 6일을 애인 만나는 날로 정하니, 애인 만나는 날이 기다려진다는 것이지요. 친구들의 갑작스러운 술자리 요청에도 애인과 선약이 있어 안 된다고 단호히 거절하기도 한다지요. 처음에는 한국 60대 부부가 걷는 방식대로 멀리 떨어져 다녔지만, 이제는 손도 꼭 잡고 다녀 불륜이라 오해도 받는다고 껄껄대더군요.

사실 부부가 비슷한 취미 활동을 하기가 쉽지는 않습니다. 서로 좋아하는 것이 다를 수 있지요. 남편은 등산을 좋아하고, 아내는 내려올 산을 왜 올라가는지 이해 못 할 수도 있지요.

결혼 초, 배우자에게 조심스럽게 자신이 좋아하는 것을 권해 보았다가 별로 좋아하지 않는 눈치이면 다음부터는 권하지 않게 되지요. 그러다 보면 점차 함께하는 것이 줄어들고요. 자기가 좋아하는 것만 혼자 하기에는 눈치 보이니, 자기 좋아하는 것도 제대로 즐기지 못하면서 살기도 하지요. 아니면 너는 너대로 살아라, 나는 나대로 살겠다는 식으로 마이 웨이를 결심하기도 합니다.

앞에서 택시 사부님은 3일씩 각자가 원하는 것을 함께하다 보니 점차 함께하는 취미 활동도 폭이 늘어나게 되고 부부 사이가 갈수록 좋아졌다고 했지요.

지금부터 보름에 하루만이라도 한번 '그대' 하고 싶은 대로 따라 함께하면 어떨까요.

5장

앞쪽 뇌 이야기:
앞에 서 있는 이에게

선택과 성장

인간은 악어보다
앞짱구 뇌를 가지고 있다.

무엇을 그리 생각하며 살아왔기에
그렇게 앞쪽 뇌는 커져 버렸을까.

하나를 선택함은
다른 하나를 포기함이니
고민은 깊어만 가고
뇌의 앞쪽은 커져만 갔나.

무수한 선택 속에
우리는 성장한다.

그렇게 선택하고 성장한 이가
바로 나,
삶의 주인이다.

앞짱구는 머리가 좋을까

"그 녀석 머리통 잘생겼는데, 공부 잘하겠어." 간혹 다른 사람의 머리 모양을 보고, 그가 똑똑한지 성격이 어떨 것인지, 심지어 잘 살 것인지 예측(?)도 합니다. 최근에는 이마나 뒷머리를 볼록하게 나오는 두상 성형수술까지 한다니 사람들은 머리 모양(두상)도 중시하는 것 같지요.

이렇게 머리 모양을 중시하는 학문의 역사는 1796년 프랑스 해부학자인 프란츠 요제프 갈의 골상학骨相學, phrenology으로 문을 열었습니다. 물론 지금의 눈으로 보면 당시의 골상학은 문제가 많았지요. 하지만 뇌의 부위별 역할에 대한 호기심은 브레인 매핑, 즉 뇌 지도에 대한 탐구로 이어집니다.

만화를 보면 머리 좋은 천재 소년이나 획기적 발명품을 만들어 내는 괴짜 과학자를 묘사할 때 짱구 머리를 그리곤 합니다. 정말 짱구들은 머리가 좋을까요? 짱구 중 특히 앞짱구는 어떨까요?

이마가 툭 튀어나왔다고 해서 모두 머리가 좋지는 않겠지요. 그러나 인간의 앞쪽 뇌의 발달은 파충류나 포유류 동물과 달리 인간을 인간답게 만든 가장 중요한 특성으로 봅니다. 다른 동물보다

한 차원 높은 고등한 차원의 세상을 이루는 데 앞쪽 뇌가 큰 역할을 했다고 보지요. 그러므로 앞짱구냐, 아니냐 하는 것보다는 그 이마 속에 들어 있는 앞쪽 뇌가 어떻게 발달했느냐가 중요합니다.

이렇게 중요한 앞쪽 뇌의 기능을 우리가 이해하게 된 데에는 피니어스 게이지라는 19세기 철도 노동자의 역할이 매우 컸습니다. 성실하고 사람 좋은 그가 그만 사고를 당했는데, 다이너마이트 폭발로 쇠막대기가 그의 앞머리를 관통해 버렸습니다.

다행히 목숨은 건졌지만, 그 좋던 성격은 완전히 바뀌었다고 해요. 하루도 술 없이는 못사는 알코올 중독자, 성욕을 주체하지 못해 여자만 보면 집적대는 성도착증, 고집불통에 종잡을 수 없는 변덕, 어느 것 하나 제대로 결정하거나 실행하지 못해 거의 폐인이 되었다고 하지요. 왜 그렇게 되었을까요?

앞이마엽(전전두엽)이라고 불리는 앞쪽 뇌가 있는 이마 쪽을 들여다보면 피라미드와 같은 삼각형이 생각납니다. 이마에 양쪽으로 직각삼각형을 두 개 맞물려 그려 보세요. 눈 위에 놓여 있는 앞쪽 뇌의 평평한 아랫면은 무엇인가 누르고 있다는 느낌을 받지 않나요? 이곳이 바로 충동억제센터입니다. 살아가면서 일어나는 여러 가지 유혹을 이겨내는 힘이 이곳에서 나오지요. 앞쪽 뇌의 가운데 면은 무엇인가 치솟는 느낌을 주는데 동기센터라고 해요. 우리에게 의욕을 불러일으키는 곳입니다. 앞쪽 뇌의 바깥 면은 계획집행센터입니다. 판단하고 새로운 아이디어로 독창적 계획을 만들어내는 곳이지요. 이렇게 앞쪽 뇌의 아랫면, 가운데면, 바깥면이 각각 충동을 억제하고 동기를 불러일으켜 계획을 세워 일을 이루어내는 역할을 맡습니다.

앞이마엽(전전두엽)의 충동억제센터가 망가지면 우리의 기본적 욕구 충동이 조절되기 어렵습니다. 잊을 만하면 발생하는 성범죄 등도 성적 욕구 조절에 문제가 생겨서 그런 거예요. 게임이나 도박 중독에서 벗어나지 못하는 것도 이러한 충동 억제가 제대로 안 되어 그런 겁니다. 우리가 사회를 이루어 서로를 배려하면서 살아가는 것은 자신의 여러 행동을 적절히 조절하기 때문에 가능한 것이겠지요.

앞이마엽(전전두엽)의 동기센터에 문제가 생기면, 아무 일도 하려 들지 않는 무기력한 인간이 되지요. 소파에 꼼짝 않고 누워서 TV 리모컨 누르기조차 귀찮아한다면 동기센터가 망가진 것이겠지요.

나이 들면서 융통성이 없어지고 아무도 못 말리는 고집불통을 보게 됩니다. 앞이마엽(전전두엽)의 삼각형 중 바깥면에 위치한 계획집행센터의 기능이 떨어진 거예요. 무슨 일을 계획하고 잘 집행하려면, 플랜 A도 잘 만들어야 하지만, 상황 변화에 따른 플랜 B로 융통성 있게 대체해 나아가야 하는 경우도 있습니다. 하지만 계획집행센터의 기능이 떨어지면 한 가지에서 다른 것으로 방향 전환을 부드럽게 하지 못합니다.

그런데 피니어스 게이지는 앞쪽 뇌가 손상되었으니, 충동 조절이 안 되고 무계획적으로 살게 된 것이지요. 인간의 앞쪽 뇌를 이해하는 데 크게 기여한 그의 손상된 머리뼈는 현재 하버드대학에 보관되어 있다고 해요.

우리가 흔히 잔머리 굴린다고 하지요. 여러 가지 상황을 이것저것 따져보아 실속을 챙기는 사람에게 하는 말인데, 잔머리는 그리 좋은 표현은 아니지만, 앞머리를 잘 굴리는 것은 여러 가지 유혹을 이겨내고 올바른 판단과 계획을 하는 것일 수 있습니다.

학습을 잘하는 것은 기억력의 차이라고 생각할 수도 있겠지요. 확실히 기억력이 좋은 사람이 있습니다. 앞서 말한 해마가 발달한 사람이겠지요. 하지만 학습을 잘한다는 것은 단순히 기억력의 차이만이 아닙니다. 놀고 싶은 유혹을 이겨내야 하고, 의욕적인 학습 동기를 가지면서, 제대로 구체적인 계획을 세워서 실천하는 삼박자가 맞아야만 학습을 잘하여 뭔가를 성취할 수 있습니다. 자신의 삶을 성공적으로 살기 위한 삼박자, 즉 충동 억제, 동기 부여, 독창적 계획이 모두 앞쪽 뇌의 역할입니다.

태어난 모습이 다 다르니 모두가 앞짱구가 될 수는 없겠지만, 우리의 앞쪽 뇌에 위치한 이 삼각형의 역할을 잘 키워나가야겠지요.

우리는 어디로

당신은 누구입니까?

질문이 너무 어렵나요?

그럼, 당신은 살아가며 무엇을 하고 싶습니까?

역시 대답하기 쉽지 않나요?

그럼, 당신은 지금 무엇을 원합니까?

무엇을 억제하고 있고, 무엇을 계획하고 있습니까?

그런데 대체 당신은 누구입니까?

내가 누구인지 저도 잘 모르겠습니다. 파충류와 포유류와 신포유류의 3층 석탑으로 구성된 나의 뇌가 서로 얽혀 나의 행동방식을 복잡하게 표현하기 때문이지요. 나의 이러한 계층적 뇌는 나를 어떤 때는 포악한 악어로 만들었다가, 때로는 다정한 강아지로, 간혹 차가운 인간의 모습으로 매몰찬 결정을 하기도 하지요.

역시 내가 누구인지 잘 모르겠습니다. 그리고 내가 무엇을 원하는지, 무엇을 억제하고 있는지, 무엇을 계획하고 있는지에 대한 내 답도 쉽지 않습니다. 그런데 그 질문은 나의 어디에서 하고 있을까요? 오늘 할 이야기는 이것입니다.

이러한 질문은 우리 뇌의 어느 곳에서 이루어집니다. 높은 빌딩의 가장 전망 좋은 곳에서 창밖을 보며 CEO가 회사의 미래에 대한 생각에 잠기듯이, 우리 몸의 가장 높은 곳의 앞 부분에 이러한 질문을 생각하는 곳이 있습니다.

그곳에서는 내가 무엇을 원하는지? 무엇을 억누르고 참고 있는지? 무엇을 계획하고 있는지? 질문하고 생각하고 지시를 내립니다. 나아가 그것이 바로 나의 사고를, 나의 행동을, 어쩌면 나 자신을 규정하고 있는 것이겠지요. 그것이 바로 앞쪽 뇌의 역할입니다.

한 개체를 벗어나 우리라는 무리로 시야를 넓혀볼까요.

동물들도 무리를 지으면 서열이 정해집니다. 우두머리가 있고, 그를 따르는 나머지 무리가 있습니다. 먹이도 우두머리가 먼저 먹어야 나머지들이 먹을 수 있지요. 무엇이 우두머리 노릇을 하게 만들까요? 그 자리를 계속 유지하게 하는 힘은 어디에서 나올까요?

찰스 버터와 더그 스나이더 박사의 왕 원숭이 실험은 앞쪽 뇌를 이해하는 데 자주 인용됩니다. 원숭이 무리에는 왕 노릇을 하는 우두머리 원숭이가 한 마리 있게 마련이지요. 여러 무리에서 각각 우두머리 원숭이를 뽑아 와서 일부 우두머리들은 앞쪽 뇌에 손상을 주고, 다른 우두머리들은 그냥 돌려보냈습니다. 결과는 어땠을까요?

앞쪽 뇌가 손상된 우두머리 원숭이는 왕 노릇을 하기는커녕 거의 왕따 수준의 최하위 서열이 되었지요. 물론 앞쪽 뇌가 손상되지 않은 우두머리 원숭이는 무리로 돌아가 변함없이 왕 노릇을 했고요.

우리 사회에 '앞쪽 뇌'라는 화두를 던진 나덕렬의 《앞쪽형 인간》에 보면, 이 우두머리 원숭이 소개와 함께 40대 중소기업 대표 이야기가 나옵니다.

그 대표는 등산 중 4,700m까지 올라갔는데, 기진맥진하여 셰르파의 등에 업혀 하산했습니다. 그 후 성격이 바뀌어 우유부단해지고 유머도 없어지고 의욕도 떨어지게 되었다지요. 회사나 가정에서 예전의 역할을 못하게 되었음은 물론입니다. 고산지대 등반으로 생긴 저산소증 때문에 앞쪽 뇌가 손상을 입은 것이지요.

리더가 조직을 제대로 이끌어 나가려면 앞쪽 뇌의 기능이 매우 중요합니다. 자신의 욕구를 제대로 억누를 수 있어야 하고, 동기부여가 제대로 되어 의욕적으로 일을 해나가야 하고, 미래를 계획하고 상황 변화에 따라 융통성 있게 적절히 집행해 나가야 합니다.

리더가 자신의 개인적 욕구를 제대로 조절하지 못하고 충동적으로 된다면 그와 함께하는 사람에게는 지옥이겠지요. 부하 직원에게 사소한 일로 화를 참지 못하고 폭력을 가하거나 동료 여성을 성추행하는 사람은 이러한 앞쪽 뇌의 충동억제센터에 문제가 있는 것이지요.

리더가 일하는 데 동기 부여도 안 되어 있고 의욕도 없다면 그 조직은 앞으로 나아갈 수 없겠지요. 젊었을 때 의욕에 넘치다가 나이가 들면서 다소 무기력해지는 것은 노화 과정의 당연한 측면일 수 있지만, 이것이 지나치다면 앞쪽 뇌의 동기센터에 문제가 발생한 것인지도 모르지요. 그렇다면 그가 리더 자리를 내어놓아야 할 때가 된 것이지요.

리더가 미래에 대한 계획도 제대로 세우지 않고, 일을 집행하는 데 융통성이라고는 눈곱만치도 없고 고집불통이라면 현실에서 부딪히는 여러 파도를 넘기 어렵겠지요. 바로 뇌의 계획집행센터에 문제가 생긴 것입니다.

나라는 개인 존재가 무엇을 지향하기 위해 무엇을 억누르고 조절하며 살아가는지와 마찬가지로, 우리라는 무리가 바른 방향을 잡고 제대로 나아가는지의 핵심은 바로 우리 뇌의 앞쪽에 있습니다.

지금 이 순간에도 우리는 대답하기 어려운 질문을 던지고 있네요. 내가 누구인지, 우리가 어디로 가고 있는지? 대답하기 어려운 이 질문에 대해 생각하고 있는 당신은 바로 리더입니다. 당신의 앞쪽 뇌라는 등대에 불이 켜져 있으니.

고개는 왜 있을까

고개는 왜 있을까요?

내 몸 중 가장 위에 있는 머리를 받쳐주고 있는 고개의 역할은 무엇일까요? 해부학자도 아닌 제가 다룰 주제는 아니지요. 그렇다면 질문을 바꿔볼까요. 고개가 해야 할 첫 번째 할 일은 무엇일까요?

고개는 머리를 받치고 있으니, 머리가 제대로 서 있도록 하는 것이 주 역할이겠지요. 하지만 누군가는 '고개의 존재 이유'가 머리를 숙이기 위함이라고 말할지 모릅니다.

오늘 아침, 미사에 갔는데 주보 첫 장 사진이 눈에 들어왔습니다. 프란치스코 교황이 다른 교회 종파인 동방정교회 총대주교에게 자신과 로마 교회를 위해 축복을 청하며 고개를 숙이고 있는 장면입니다. 천 년 넘게 갈등을 빚어온 가톨릭과 동방정교회. 70년을 갈라져 으르렁거리는 남북보다 훨씬 긴 갈등의 역사를 품고 있지요. 충격적이었습니다. 아니, 교황이 고개를 숙이다니 그리고 축복을 청하다니. 그 자신이 오히려 고개 숙인 자들에게 축복을 주는 사람 아닌가. 세속의 관점에서 보면 굴욕적인(?) 모습입니다.

세속의 눈에는 이와 상반된 모습이 더 멋있어 보입니다. 2007년, 남북 정상이 만나는 자리에서 김장수 국방부 장관이 고개를 꼿꼿이 들고 김정일 위원장과 악수하는 모습을 보고 다들 군의 수장답게 멋있다고 했지요. 바로 옆에서 정중하게 고개를 숙여 두 손으로 악수하는 국정원장의 모습과도 대조되었습니다. 고개는 이렇게 꼿꼿해야 장수의 기개가 느껴지지요.

그런데 프란치스코 교황은 고개를 숙입니다. 하지만 그가 고개를 숙이는 것이 그리 굴욕적이거나 비굴해 보이지 않습니다. 아니 오히려 그런 그분의 모습이 존경스럽습니다. 그리고 가톨릭 수장의 고개 숙인 사진을 '일치 주간'의 주보에 용감히(!) 올린 의정부 교구도 박수받을 만합니다.

싸우려면 고개를 뻣뻣이 세워야지요. 싸움에서 고개를 숙이는 것은 패배입니다. 하지만 일치하려면 누군가 고개를 숙여야지요. 약해서가 아니라, 상대방을 품기 위해 고개를 숙여야지요. 일치를 위해 고개를 숙이는 것은 패배가 아니고, 하나가 되는 더 큰 승리입니다. 약한 이가 자신의 이득을 위해 강자에게 고개를 숙일 때 그 모습은 비굴해 보일 수 있지만, 진정으로 강자가 일치를 위해 오히려 약자에게 고개를 숙일 때 그 모습은 아름답습니다. 연대하기 위해서는 고개를 숙여야 합니다. 통일하기 위해서는 고개를 숙여야 합니다. 약해서가 아니라 강하기 때문에 고개를 숙여야 합니다.

누구는 고개를 숙인 모습이 아름답고, 누구는 고개를 숙인 모습이 비굴해 보이기도 합니다. 그 차이는 무엇에서 비롯될까요? 그것은 아마도 고개를 왜 숙이는가, 누가 고개를 숙이는가의 차이일지 모릅니다. 자신의 사사로운 이익을 위해 강자에게 자존심을 버린 고개 숙임은 비굴한 모습으로 나타납니다. 하지만 세속의 관점에서 고개를 숙이지 않아도 되는 자리에 있는데 먼저 고개를 숙이는 모습은 아름답습니다.

서양의 인사인 악수 예절에는 고개를 숙이지 않게 되어 있지요. 동양의 인사는 일반적으로 고개를 숙입니다. 사람과 사람의 만남을 고개를 숙이는 것으로 시작하지요. 고개 꼿꼿이 세우고 손을 잡아 악수하는 서양식 인사법도 멋있지만, 고개 숙여 인사하는 동양식 인사법도 예스럽습니다.

미사 중에 주보 사진을 보며 잡념에 빠져들고 있는데 오늘 미사를 집전하러 멀리 속초에서 온 오세민 손님 신부님이 강론을 시작합니다. 바닷가 작은 속초 청당동 성당을 짓는 데 모금 협조를 구하러 왔다고 하네요. 하지만 신부님은 돈 이야기 대신 자기 어머니 이야기를 합니다.

어머니는 열일곱 살에 시집와서 열한 명의 자식을 낳았는데, 그중 자신이 막내로 태어났다고 해요. 첫째 형이 어영부영하다가 신부가 되었답니다. (이건 제 표현이 아니고 신부님 표현이니 양해해 주세요.) 그 후 다른 두 형도 어영부영하다가 신부가 되었고, 자신도 따라서 어영부영하다가 신부가 되었다지요. 누나는 집안의 유일한 딸인데 수녀가 되었고요. 그렇게 우리나라 최초로 아들 넷을 모두 사제로 키운 어머니셨지요.

이 어머니가 막내아들이 사제품을 받고 첫 부임지로 떠나던 날 자그마한 보따리를 들려주며 "임지에 가서 힘들고 어려운 일이 있을 때 풀어보라"고 했답니다. 궁금증을 참지 못해 첫날 저녁에 보따리를 풀었다지요. 그 안에는 장롱 깊숙이 차곡차곡 보관해 두었던 오 신부의 배냇저고리와 학교를 제대로 다니지 못해서 삐뚤빼뚤한 어머님의 편지 한 장이 들어 있었습니다.

"사랑하는 막내 신부님! 당신은 원래 이렇게 작은 사람이었음을 기억하십시오."

고개 숙임은 자신이 어떤 자리에 있든 자신이 이렇게 작은 사람이었음을 기억하고 내려놓는 것이지요. 고개는 몸에서 가장 높이 있는 머리를 아래로 내려놓고 숙이기 위해 있습니다. 고개 숙이기에 자존심 상한다고요? 자존심 상할 일이 뭐 있겠습니까. 원래 이렇게 작은 존재였는데. 스스로 크다고 생각하니 고개를 숙이지 못하는 것이지요. 작디작은 배냇저고리를 생각해 보세요. 교황도 고개를 숙이는데….

고개는 왜 있느냐고요? 숙이라고 있는 겁니다. 나는 이렇게 작은 존재이니까요.

주인의식과 하인의식

흔히 주인의식을 가져야 한다고 말합니다. 주인의식, 중요하지요. 하지만 누가 주인의식을 가지고 있느냐에 따라 생동감 넘치는 유쾌한 조직이 되느냐, 아니면 풀이 죽어 웃음이 사라진 우울한 조직이 되느냐로 나뉘겠지요.

리더가 주인의식을 가지고, 조직 자체를 리더 자신으로 일치시킬 때 많은 문제가 생기는 것을 봅니다. 리더의 강한 주인의식은 '나 아니면 안 된다'는 독선에 빠뜨립니다. 조직을 나의 소유물로 여겨 집착을 보이게 됩니다. 모든 행위를 조직을 위한 것이라 여기고 그렇게 말하지만, 실상은 나를 위한 것입니다.

많은 독선적 리더들이 원래 나쁜 품성을 가졌다기보다는 지나치게 확고한 주인의식("내가 곧 조직이다.")에서 비롯한 부조화를 보이는 겁니다. 이러한 조직과 강한 일체감 때문에 어떤 지위를 차지하게 되면 그것을 놓지 못하는 현상이 벌어집니다.

내가 이 자리를 떠나면 우리 조직이 엉망이 될 것이라는 믿음. 혹시라도 이러한 마음이 있다면 나는 지나친 주인의식에 빠진 잘

못된 리더입니다.

리더의 자리는 주인들이 내준 임시 자리일 뿐입니다. 리녀는 항상 이 자리가 내 자리가 아니고 내일이면 새로운 리더가 그 자리에 앉기까지 그 자리를 지키는 임시직임을 한시도 잊지 않아야 합니다. 리더의 자리는 한시적인 임시직이지만, 그 조직의 구성원들은 그 속에서 오래 삶을 살아가야 합니다.

리더는 강한 주인의식을 가지면 위험할 수 있습니다. 그러므로 리더라면 스스로 철저한 하인의식을 가져야 합니다. 그런 하인의식으로 주인들을 잘 모십시오. 그것이 리더입니다.

반면에 구성원들이 하인의식을 가지고 있다면 그 조직은 더 들여다보지 않아도 뻔합니다. 억압적 분위기에서 단기성과는 조금 오를 수 있지만, 유능한 직원들은 언제든 다른 직장으로 옮길 궁리만 하면서 출근합니다. 맞아요. 구성원들이 하인의식을 가지고 있는지 리더는 살펴야 합니다. 하인의식은 구성원들이 아니라 리더가 가져야지요. 구성원들이 주인의식을 갖도록 하는 것이 진정한 리더십 아닐까요.

여러분 중 누가 주인의식을 갖고 있다면, 저는 그를 우리의 주인, 즉 구성원이나 국민이라 부르겠습니다. 여러분 중 누가 하인의식을 갖고 있다면, 저는 그를 우리의 리더로 부르겠습니다.

훈수와 충고

훈수를 두는 것은 항상 쉽습니다. 훈수를 두는 사람은 더 높은 곳에서 더 넓게 보고 있다고 스스로 여기곤 하지요. 훈수를 두는 사람은 책임을 지지도 않습니다. 잘된 것은 훈수 두는 사람의 공이고 잘못된 것은 바둑 두는 사람의 책임입니다. 그러니 그보다 더 쉬운 것이 어디 있겠어요.

높이 있다는 것은 책임을 진다는 것인데, 높이 있으면서도 책임을 지지 않는 자리. 그 자리가 바로 훈수 두는 이의 자리입니다. 훈수가 장기판이나 바둑판이 아닌 일상생활에서 나타날 때, 우리는 그것을 충고라 하지요. 다른 이의 어려움을 듣고 그를 도와준다는 마음에서 우리는 쉽게 충고를 하려 합니다. 책임도 지지 않고, 자신은 객관적 시각에서 최선의 답을 준다고 생각합니다. 하지만 그럴까요.

얼마 전 친구와 통화하는 중에 결정하기 어려운 문제를 토로하기에 멋들어지게 충고랍시고 했습니다. 전화를 끊고 나니 참 모자라고 부끄러운 짓을 했다는 생각이 뒤늦게 들었습니다. 충고와 훈수는 비슷하지요. 충고도 결국 같은 눈높이의 동료라기보다 자기가 한 수 위인 높은 자리에서 훈수를 두는 태도에서 나오곤 합니다. 사실 훈수 즐겨 두는 사람 치고 바둑 잘 두는 사람 별로 없어요. 진짜 고수는 훈수를 두지 않지요.

성추행 등에 대한 고발이 연이어진 적이 있습니다. 사회 유명인사들이 과거 자신의 주위에 있는 여성에게 못된 짓을 했다는 고발이었지요. 그 여성들이 그것을 드러내기에는 큰 용기가 필요했을 터이지요. 그것을 수년간 아무에게도 이야기하지 못하고 자신의 작은 가슴 안에 꽁꽁 묶어 놓고 있었으니 숨쉬기도, 밥 먹기도, 잠자기도 참으로 가슴 터지도록 아팠을 것입니다.

사회에 이름 꽤나 알려진 이들이 왜 이렇게 몰상식한 짓을 했을까요. 얼마 전 저녁 식사 자리에서 후배의 설명을 듣고 고개가 끄덕여졌습니다. 바로 자신은 높은 자리에 있다고 여기기 때문이라는 것입니다. 자신이 주위에 있는 사람보다 높은 위치에 있으니, 주위 사람을 하대하고 막 대해도 된다고 생각하기 때문입니다. 그렇습니다. 자신이 주위 사람보다 우월한 위치에 있다고 여긴다면 어떻게 주위 사람을 자신과 대등한 인격 주체로 대하겠어요.

훈수를 두든, 꼰대 짓을 하든, 갑질을 하든, 그 속내를 들여다보면 자신은 상대방보다 높이 있다는 우월의식이 바탕에 깔려 있습니다. 주위 여성에게 못된 짓을 하지 않아야 하는 것처럼 훈수도 함부로 하지 말고, 충고도 한 번 더 생각해 보아야 하겠지요.

책임도 지지 않으면서 말만 툭툭 던지는 충고를 하고 뿌듯해하기 전에 다시 한 번 돌아보세요. 그것이 내가 당신보다 더 낫고 더 지혜롭고 더 경험이 많고 더 많이 안다는 생각에서 나온 것은 아닌지.

그만 높은 자리에서 내려오시지요. 당신과 나는 같은 행성, 같은 땅 위에 서 있으니까요.

행복 바이러스 퍼뜨리기

'회사를 운영한다는 것은 뭘까?'

종종 이런 생각을 해봅니다. 많은 CEO와 관리자들이 재무제표로 지난해와 실적을 비교하며 어떻게 더 좋은 실적을 거둘 것인가, 머리를 싸매지요.

영국 작가 사이먼 시넥은 〈위대한 리더들이 행동을 이끌어내는 법〉이라는 TED 강연에서 '골든 서클'을 이야기합니다. 골든 서클은 세 개의 원으로 구성되어 있는데, 가운데 원이 why, 그 다음 원이 how, 그리고 가장 바깥 원이 what입니다.

삶의 방식이나 문제 해결 방식은 두 가지로 나눌 수 있지요. 관점의 방향을 중심에서 바깥 방향으로 진행하느냐, 바깥에서 안쪽 방향으로 진행하느냐에 따라 사람의 행동 방식과 다른 사람에게 미치는 리더십과 그 영향력의 결과는 다릅니다.

일반적으로 평범한 리더들은 what에 우선 집중하고 분석하면서 how를 찾아 문제를 해결하려 합니다. 하지만 스티브 잡스나 마틴 루터 킹과 같은 위대한 리더는 why라는 질문을 우선 던지지요. 그리고는 그 why를 해결하기 위한 how를 찾아 나섭니다.

what은 단지 why라는 질문에 대한 결과물이라 할 수 있지요. '골든 서클'은 방향의 차이라는 아주 단순한 논리인데, 결과와 영향력은 크게 다름을 보여줍니다.

사람들은 what을 먼저 생각하는 리더와 함께 일할 때 자신이 하는 일에서 의미를 찾기 어렵습니다. 자신을 재무제표로 평가되는 부속품쯤으로 여기면서 그 일에 주체가 되려 하지 않지요. 그저 월급날만 기다리는 직원이 되어 버립니다.

사람들은 why라는 불을 가슴에 지피는 리더와 함께할 때, why 가 자기 삶의 부분적 원동력이 될 수 있습니다. 그는 월급이 목적인 직원이 아니고, 리더와 함께 걸어가는 팀원이 됩니다.

그래도 문제는 남습니다. 왜 회사를 운영할까? 돈을 벌기 위해서. 돈을 벌기 위해서 회사를 운영한다면 직원도 월급을 받기 위해서 회사에 다닐 것입니다. 위대한 리더는 더 근본적인 why라는 질문을 던집니다. 그 why가 많은 사람에게 영향을 미치는 커다란 주제일 경우, 그 결과의 산물로 엄청난 부가 따라오기도 하지요. 그 결과가 시대의 패러다임을 바꾼 역사로 남게 됩니다.

여러 회사의 스마트폰은 애플의 아이폰과 흔히 비교됩니다. 물론 아이폰보다 뛰어난 스마트폰들이 나올 수 있겠지만 그것들이 스마트폰 역사의 한 장을 장식하지는 못합니다. 그 자리는 이미 아이폰의 자리이니까요. 스티브 잡스는 죽었지만, 그는 하나의 패러다임을 바꾼 인물로 아이폰과 함께 역사에 이름이 남을 것입니다.

다른 스마트폰 회사의 매출이나 점유율이 올라 그 회사의 주인이 큰 부자가 될 수 있지만, 세계 역사는 그들의 이름을 다 기억하기 어려울 것입니다. 이것이 바로 why로부터 문제를 풀어간 리더와 what으로부터 문제를 풀어간 리더의 차이일 수 있습니다.

원래의 화두인 '회사를 운영한다는 것은 뭘까?'로 돌아와 봅시다. '행복회사Happiness Ltd.'의 설립자 헨리 스튜어트는 인터뷰에서 직원의 행복을 이야기합니다.

"직원은 자신이 행복하다고 느낄 때 가장 뛰어난 성과를 내기 마련이다. 행복한 직원은 행복한 고객을 만나 행복한 수익을 올린다. 그러나 불행한 직원은 고객을 불행하게 만들고 수익도 얻지 못한다. 고객은 직원이 행복한지 아닌지 금방 알아챈다."

그러므로 그는 강조합니다.

"직원을 행복하게 만들고 이를 통해 그들의 잠재력을 최대한 발휘할 수 있도록 하는 것이 CEO로서의 내 역할이다."

"회사를 운영한다는 것은 뭘까?"

이 질문에 대한 답은 다양하겠지요. 질문을 "왜 회사가 존재할까?"로 바꿔보지요. 이 질문에 혹시 "나를 포함한 구성원들을 행복하게 하기 위해서"라는 답을 내놓고 싶다면, CEO의 할 일은 '행복 바이러스 퍼뜨리기'입니다.

함부로 쏜 화살, why?

"당신은 도대체 왜 그래?" 아내가 묻습니다. "너는 도대체 왜 그러니?" 엄마가 묻습니다. "김 과장, 왜 이렇게 일을 했어?" 부장이 묻습니다.

참 당혹스러운 질문입니다. 일단 질문을 받았으니, 내 의견을 말해야 할 텐데, 상대방은 이미 확고한 반대 입장에서 질문을 던진 것이니 아무리 논리 정연한 대답을 내놓는다고 해도 이 문답의 끝은 뻔하지요. 갈등의 시작은 바로 '왜?'에서 출발합니다.

세상 살면서 남에게 던지지 말아야 할 의문사가 하나 있다는 것을 배웠습니다. 갈등의 부싯돌 '왜'라는 의문사이지요. 저는 주로 아내와 대화하는 가운데 뒤늦게 터득한 배움입니다. 이 의문사는 자식에게도 삼가는 것이 좋지 싶어요. 직장에서는 말할 것도 없고요. 심지어 환자와 면담할 때도 삼가야 한다는 것을 의사가 된 지 이삼십 년이 지나서 이제야 깨닫게 됩니다.

하지만 why는 매우 중요한 의문사입니다. 앞에서 위대한 리더들이 행동을 이끌어낸 비법이 why에 있다고 했지요.

일반적인 회사나 사람들은 이것이 무엇일까 설명하는 what 단계에서 시작하여 다음 단계로 어떻게 해결할까 하는 how 단계로 사고와 문제해결 프로세스를 펼칩니다.

반면에 위대한 리더나 그룹들은 why를 원의 중심에 두고 그 바깥에 how와 what을 두어 설득하고 문제를 해결해 나가지요. 사람들에게 동기부여를 하고, 세상의 패러다임까지 바꾸는 의문사가 바로 '왜'입니다.

이렇게 문제 해결의 중심인 '왜'가 왜 갈등 관계의 원인이 될까요?

우리는 '왜'의 방향성에 주목할 필요가 있습니다. '왜'를 우리에게 스스로 던질 때는 문제해결의 키가 됩니다. 하지만 '왜'의 방향이 상대방에게 향할 때 그 '왜'는 상대방의 심장을 후비는 날카로운 화살이 되지요. 나는 당신과 입장이 다르다는 확고한 반대 의사를 표시하는 수단으로 이용한다면 말입니다. '왜'는 스스로 생각하기 위한 의문사이지, 남의 가슴을 후비기 위한 의문사가 아닙니다.

'왜?'

이 의문사 하나로 도를 깨치기도 하고, 놀라운 과학적 발견을 하기도 하고, 새로운 사회 시스템을 만들기도 합니다. 그래서 복잡하게 얽힌 문제 한가운데 빠져 있을수록 멈춰 서서 고개를 갸우뚱거리며 '왜?' 하고 자문해볼 필요가 있지요. 우리 자신에게. 남에게는 함부로 쏘지 말고.

육하원칙 중 무엇이 가장 중요할까

육하원칙 중 무엇이 가장 중요할까요?

누가 언제 어디서 무엇을 왜 어떻게 할까. 이것이 육하원칙이니 '누가'가 가장 중요해 보이기도 합니다. '누가'라는 단어 자체에 주어라는 품사가 부여되니 가장 주체가 되는 부분으로 보이지요. 세상은 누가 무엇을 하는 것으로 설명될 수 있으니 '누가'는 육하원칙의 으뜸이 되는 듯싶습니다.

모든 것은 사람이 하는 것이니 좋은 사람들과 잘 팀을 이루어 작업하는 것이 조직입니다.

하지만 심리학자 최인철은 '누가'를 강조할 때의 문제를 다른 시각에서 풀어나갑니다. 어떤 사건이 발생했을 때 '누가' 우선주의는 그 사건의 본질, 그런 사건이 생기게 된 사회 환경적 요인을 고려하지 않고 당사자의 문제로 좁게 보는 시각으로 해석하게 된다는 문제가 남지요. 어떤 사건이 발생한 것은 그 사람의 문제일 수도 있지만, 그런 환경이 낳은 문제일 수도 있습니다.

최인철은 타이밍을 앞으로 꺼내 보자고 합니다. 우리가 겪는 많은 일이 결국 타이밍과 관련될 수 있지요. 과거에 태어났다면 내가 이렇게 살 수가 있었을까요. 그의 설명을 들으니 육하원칙 중 '언제'가 가장 중요해 보입니다.

그러나 문제를 더 본질적으로 보자는 주장도 있습니다. 앞서 언급한 사이먼 시넥의 '골든 서클'에서, 우수한 기업의 특징은 문제를 what-how-why의 순서가 아닌 why-how-what의 순서로 본다고 하지요. 많은 기존의 기업들이 문제를 정의하고what, 어떻게 할까how 고민하여 해결해 나가는데, 정작 가장 중요한 왜why라는 질문에는 깊이 들어가지 않는다고 지적합니다.

그의 말을 들으니 역시 육하원칙 중 '왜'가 본질인 것 같지요. 모든 의문의 핵심은 '왜'에서 발생하니 말입니다. 에디슨의 발명품도 '왜'에서 시작되었고, 스티브 잡스의 혁신적 애플 제품들도 '왜'에서 비롯했지요.

그런데 어떤 사람은 디테일을 강조합니다. 구름 잡는 '왜'보다 더 중요한 차이는 결국 '어떻게' 그것을 구현해 나가는 디테일에서 난다는 것이지요. 명품은 항상 디테일을 강조하니 말입니다. "악마는 디테일에 있다"는 말에서 총론보다 각론, 즉 '어떻게'의 중요성이 강조됩니다. 결국 차이는 '어떻게'에서 오지 싶습니다.

'어디에'를 무엇보다 강조하는 이도 있습니다. 무엇에 성공하기 위해서는 노력보다 환경을 바꾸는 것이 더 중요하다는 주장이지요. 아무리 애를 써도 무엇을 이루기 쉽지 않지만, 환경을 바꾸면 환경에 영향을 받는 우리는 결국 그 환경에 맞는 일을 이룰 수 있다는 것입니다. 그래서 개인적 노력을 하라고 채근하기보다 환경을 바꾸어 주는 것이 더 중요하다는 겁니다.

또 개인적 결심에서도 이 '어디에'가 적용됩니다. 작심삼일이라는 말에서 알 수 있듯이 우리의 결심은 지속하기 너무 어렵습니다. 그래서 많은 목표가 그저 희망 사항이 되지 않으려면 목표에 '언제'를 연결시켜 구체적 시기를 적으라고 하지요.

하지만 최근에는 '언제'보다 더 중요하게 결심을 성공시키는 방법이 '어디에' 가면 나는 무엇을 하겠다는 식으로 '어디에'를 연결하는 방식을 추천하기도 합니다. 아침 운동을 결심하고서 아침에 운동을 못하면 그냥 지나치는데, 어디에 가면 운동을 해야지 하든가, 어디에 가면 글을 쓴다든지 하는 장소 조건을 연결하는 것이 좀 더 구체적이라는 것이지요.

"언제 한번 봐야지." 사람들과 우연히 만나서 헤어질 때 흔히 던지는 이 말은 약속이 아니라 그저 헤어지는 인사에 불과합니다. 하지만 거기에 장소를 적시하면 다음 약속이 되기 쉽다는 것입니다.

아이고, 헷갈리지요. 그러고 보니 육하원칙 중 '왜'도 중요한 것 같고, '어떻게'도 중요한 것 같고, '언제'뿐만 아니라 '어디에'도 중요해 보이니 말입니다. 물론 '누가' 하는 것도 '무엇을' 하는 것도 본질적으로 중요하니 육하원칙 중 무엇이 가장 중요할까 하는 질문부터 우문일지 모릅니다.

굳이 정리하자면 왜-어떻게-무엇이라는 시각을 가지고 구체적으로 누가 언제 어디에서 할 것인지를 정하는 것이, 악마가 숨어 있다는 디테일도 살리고 왜라는 본질도 살리는 것 아닐까요. 그러고 보니 육하원칙 모두가 빠질 것 하나 없는 알짜이지요.

키우려는 건가, 이용하려는 건가

"리더를 위한 중요한 질문 한 가지. 나는 사람들을 키우고 있는가? 아니면 나 자신의 꿈을 키우기 위해 사람들을 이용하고 있는가?"

리더의 뒤통수를 꽝 치는 존 맥스웰의 질문입니다. 대답에 따라 전혀 다른 리더의 모습으로 나타나겠지요. 이에 대한 갈림길은 한 가지 핵심 질문으로 이루어져 있습니다.

"누구를 위해?"

사람들을 위해 그 사람들을 성장하게 하는 리더와 자신을 위해 그 사람들을 도구로 이용하는 리더. 키우는 사람은 다른 사람들의 꿈을 이루기 위함이고, 이용하는 사람은 나 자신의 욕망을 이루기 위함이지요.

흔히 위임의 중요성을 이야기합니다. 그 위임도 두 가지 모습으로 나타나지요. 자신이 이루어낼 일을 다른 사람이 경험하고 훈련하는 교육의 기회를 갖도록 넘겨주는 사람과 단순히 자기 일을 다른 사람에게 맡기고 나중에 그 공을 독차지하려는 사람.

세상의 리더들은 자신의 위치에 대해서도 두 가지 입장을 가집니다. 자신의 자리를 임시직이라고 생각하는 리더와 평생직으로 여기는 리더. 대부분의 독선과 오류는 리더가 그 자리를 평생직이라 생각하기 때문에 발생하지요. 점차 자신이 조직의 구성원이라 생각하지 않고 조직이 자신이 되어 버리는 극단에 빠지게 됩니다.

다음 질문을 자세히 뜯어볼까요. "키우려는 건가, 이용하려는 건가?"

키운다는 말은 떠날 준비가 되어 있느냐는 질문에 대한 답입니다. 리더의 위치가 임시직이기에, 자신이 곧 조직 그 자체가 아닌 조직의 구성원 중 하나인 것을 알기에 다른 리더들을 키워놓고 떠날 준비를 하는 것이지요.

이용한다는 말은 자기 자리를 더 높이 더 넓게 확보하려는 이기심에서 나오지요. 그 자리를 지키려다 보니 부하와 경쟁하기도 합니다. 그런 자의 말로는 대개 비참합니다. 우리는 역사에서 그것을 흔히 보지요.

닐 도널드 월시도 같은 생각을 했는지 이런 말을 남겼습니다.

"가장 많은 학생을 가르치기보다는 가장 많은 스승을 키우는 사람이 진정한 스승이다. 가장 많은 추종자를 거느리기보다는 가장 많은 리더를 키우는 사람이 진정한 리더다."

Money는 왜 3M에서 빠졌을까

조직에서 사람을 움직이는 힘은 뭘까?

반 농담으로 "머니 머니 해도 머니지"라는 대답이 나올 듯싶은데, 하버드 비지니스 스쿨의 경영학자 칸터는 구성원들에게 강력한 동기를 불러일으키는 3가지 M, 즉 '3M'을 듭니다. 여기서 3M은 포스트잇 만드는 회사가 아니라 'Mastery, Membership, Meaning'을 의미해요.

Mastery를 어떻게 해석할까 살짝 고민이 되지만, 저는 이를 '숙련'이나 '숙달'이라는 사전적 의미보다는 '자기 발전'이나 '성숙'의 의미로 바꾸어 받아들이고 싶습니다.

조직이 자기 자신을 개인적으로도 발전시킨다는 느낌이 든다면, 일은 과중한 업무이기보다 다양한 경험을 쌓게 해 주고 자신을 성숙시키는 배움이 되기도 하지요. 비록 반복적인 일이라 해도 그 반복을 통해 마스터가 되어 가는 과정일 수도 있고요.

그러므로 조직에서 함께 공부하고 개인적으로 성장하는 분위기는 조직이 성장한다는 사실보다 구성원에게 더 중요한 일일 수 있지요.

Membership은 어떤 의미일까요. 멤버십에 가장 좋은 사례에 취미 동호회가 생각나네요. 재미있어서 좋아서 모인 사람들의 멤버십은 회비를 내가면서 자신의 시간을 쏟지요.

멤버십의 최고 경지는 어쩌면 '친구'라는 생각을 해 봅니다. 친구를 만나면 재미있고 즐거운 마음이 들지요. 편하게 자기 고민을 털어놓기도 하고, 반대로 친구에게 어려운 일이 생기면 만사 제쳐두고 찾아가 위로하기도 하지요. 자발적으로 멤버가 되려면 그 모임이 좋아야지요. 즐거워야지요. 그래서 펀fun 경영을 이야기하나 봅니다.

펀 경영 성공 사례로 흔히 사우스웨스트 항공을 듭니다. '직원도 즐겁고 고객도 즐거운 회사'라는, 미국에서 가장 일하기 좋은 기업으로 평판 난 사우스웨스트 항공은 일을 일이라 생각지 않고 재미난 놀이라고 생각하는 기업 문화가 있습니다.

구글은 아예 최고문화경영자Chief Culture Officer라는 직책을 두었는데, 이 CCO의 역할은 회사의 독특한 문화를 유지하고 직원들을 항상 행복하게 만드는 것이라고 해요. "어떻게 조직의 구성원이 서로 간에 오래된 친구처럼 프렌드십을 갖게 될까"가 멤버십이라는 주제에서 관건이겠지요.

Meaning을 생각해 보니, 구성원들의 마음을 동하게 하는 3가지 M의 순서가 뒤바뀌었다는 생각이 들었습니다. Meaning이 첫 번째이겠지요. 소속감을 느끼고, 자기 발전을 이루는 것도 그 조직의 의미가 밑바탕에 깔려야 가능하겠지요.

'내가 왜 이 일을 하나?' 같은 공사판에서 같은 벽돌공으로 일해도 어떤 이는 쥐꼬리만 한 월급을 받는 벽돌 쌓는 인부로 자기를 규정할 수도 있고, 다른 이는 천년을 빛낼 예술작품을 짓는 예술가로 자기를 규정할 수도 있겠지요. 앞사람은 막일꾼의 마음으로 벽돌을 쌓을 테고, 뒷사람은 예술가의 마음으로 벽돌을 쌓을 테니 두 사람이 쌓는 벽돌은 차이가 날 수밖에 없겠지요.

도대체 왜 사람을 움직이는 위 세 가지 M에 Money는 안 들어 있을까? 돈이라는 경제적 인센티브는 분명히 사람을 움직이는 힘이 되지 않나요? 맞습니다. 경제적 인센티브는 많은 조직에서 사람을 움직이는 원동력이 되지요. 문제는 이것이 단순한 업무에 주로 효과가 있으며, 그 효과가 단기적이라는 데 있지요.

"돈은 단순히 통제력을 행사하기 위한 수단일 뿐"이라는 대니얼 핑크의 통찰에 주목할 필요가 있습니다.

그에 따르면 통제는 직원들을 순응하고 복종하게 만들지만 업무에 몰입하도록 이끌지는 못한다고 해요.

경제적 인센티브가 3M 같은 자발적 동기부여가 되지 못하고 타인에 의한 통제 수단으로 작용한다는 점을 구성원들도 느끼게 되지요. 그 좋다는 교수직도 내팽개친 곱슬머리 김정운 여러가

지문제 연구소장은 이를 "인센티브 위에 자존심 있다"고 표현합니다.

조직에서 사람을 통제의 대상, 즉 객체로 보느냐, 조직을 함께 움직이는 주체로 보느냐 하는 것은 조직을 운영하는 데 있어 중요하고 근본적인 관점의 차이인 듯싶습니다.

작은 조직이나 큰 조직이나 사람을 움직인다는 것은 참 어려운 일입니다. 단순히 경제적 인센티브 하나로 사람을 움직일 수는 없지요. 그래서 조직에서 꾸준한 성과를 내고 싶다면 당장의 수치가 아니라 먼저 사람 자체에 집중하라고 하는 겁니다.

"사람이 우선이다."

그냥 단순한 구호는 아닐 듯싶습니다.

나쁜 사람들의 지배

항상 궁금했습니다. 왜 조직에서 다른 사람에 대한 배려보다 자기 욕심이 많은 사람이 장(우두머리) 자리를 주로 차지할까? 대부분 착하고 사심이 없는 분들은 그런 자리 자체에 관심이 없고 변방에 머물까?

정현종의 시 〈나쁜 운명〉에서 그 대답을 구했습니다.

이 세상은
나쁜 사람들이 지배하게 되어 있다.
(그야 불문가지)
'좋은' 사람들은 '지배'하고 싶어 하지 않고
'지배'할 줄 모르며 그리하여
'지배'하지 않으니까.
따라서 '지배자'나 '지배행위'가 있는 한
이 세상의 불행은 그치지 않을 것이다.

좋은 사람이 가끔 지도자가 되기도 하지요. 주위 사람들에게 떠

밀리디시피 추대되어 그 자리에 앉은 경우예요. 그는 그 자리가 잠시 머물 자리라는 것을 알고 시간이 지나면 그 자리를 내어놓지요. 그가 지도자로 있는 짧은 시간에 사람들은 행복합니다.

한상복은 《지금 외롭다면 잘되고 있는 것이다》에서 사회적 출세와 등산의 공통점 세 가지를 이야기합니다.

첫째는 '올라간다'는 것입니다. 오르기 전 아래에서 정상에 오르면 행복해지리라 생각하지요.

하지만 흔히 간과하는 두 번째 공통점은 '곧 내려가야 한다'는 것입니다. 저는 어떤 직위도 임시직이라고 말합니다. 과장, 소장, 원장, 사장은 물론 장관이나 대통령까지 몇 년 내에 그 자리를 떠나야 할 임시직(!)에 불과하지요. 산의 정상에 오르면 내려와야 하듯이 사회적 출세를 하여 어떤 자리에 오르더라도 내려와야 하지만, 우리는 그것을 자주 잊고 살지요.

세 번째 공통점은 흥미롭게도 '높이 오를수록 더욱더 외로워진다'는 것입니다. 외로울 수밖에 없는 정상의 특성을 제대로 이해하는 것이 필요하겠지요. 어떤 이는 외로워진 그 자리에서 자신의 파워를 휘두르며 더욱더 독단적으로 행동하게 되고, 어떤 이는 외롭기 때문에 끼리끼리 패거리 문화를 만들기도 합니다. 정상이란 자리는 외롭기 때문에 높은 자리에서 스스로 자주 내려와서 오히려 함께 일하는 사람들을 동료로서 손잡고 대할 때, 조금 덜 외로운 진정한 리더가 되겠지요.

예수나 부처 같은 존재는 너무 아득해서 그만두고, 바보로 자처한 김수환 추기경이나 한없이 작아지려 하는 프란치스코 교황 같은 분들이 지도자로 있을 때 고통받는 이들은 위로의 힘을 받습니다.

좋은 사람이었다가 '지도자'가 되어 '지배자'로 변하는 경우도 있지요. 이런 인간의 변화에 사람들은 허탈한 배신감을 느끼지요. 사실은 겉으로는 좋은 사람처럼 보였어도 속까지 잘 영글지 못한, 제대로 수행이 되지 않은 이였겠지요.

이번엔 정현종의 시 〈좋은 운명〉을 한번 볼까요.

이 세상은
좋은 사람들이 봉사하게 되어 있다.
(그야 불문가지)
'나쁜' 사람들은 '봉사'하고 싶어 하지 않고
'봉사'할 줄 모르며 그리하여
'봉사'하지 않으니까.
따라서 '봉사자'나 '봉사행위'가 있는 한
이 세상의 행복은 그치지 않을 것이다.

그렇지요. 나쁜 사람들이 세상을 지배하더라도 세상에 꽃도 피고 새도 날아다니는 것은 대부분의 좋은 사람이 있기 때문입니다.

최상급이 복수라니?

'이상하다. 어떻게 이게 말이 되지.'

중학생 때 처음 영어를 배우고 최상급 예문을 접하면서 참 이상하다고 생각했습니다. one of the highest mountains, 가장 높은 산들 중에 하나라니? 최상급으로 가장 높은 산은 하나일 텐데, 어떻게 복수^{mountains}가 될 수 있지?

이런 예문도 있지요. one of the most important things, 가장 중요한 것들 중 하나? 영어 번역문에서 발달한 우리말에도 일상적으로 쓰이는 문체지요. 그런데 어떻게 최상급인데 여러 개가 될수 있지요. 비교급은 다른 것들보다 더 나은 것이니 복수가 가능하지만, 최상급은 여러 개 중 가장 높고 좋은 것 하나를 지칭하는 문법 형태가 아닌가요. 영어를 배우면서 모순이라 생각했습니다.

오늘 아침, 복수 최상급이 학생 때 모순으로 다가왔다는 이야기를 꺼내니 아내의 일갈. "그런 것이 이상해? 그래서 당신은 영어 회화를 잘하지 못하는 거야. 그냥 외우면 되는데 그렇게 분석을 하니…." 맞습니다. 그냥 닥치고 외우면 되는데, 괜히 별 필요 없는 생각을 하나 봅니다.

이렇게 쓸데없는 생각을 다시 하게 된 것은 《에센셜리즘》의 저자 그렉 맥커운의 인터뷰를 읽고 난 후였습니다.

"'최우선순위'라는 의미의 영어 단어 'priority'가 처음 등장한 것은 1400년대입니다. 그 후 500년 동안 priority는 단수형으로만 사용되었습니다. 그러다가 1900년대 이후 'priorities'라는 복수형이 쓰이기 시작했습니다. 저는 이 자체가 현실을 왜곡한 비논리적인 현상이라고 봅니다. '가장 우선시되는 것'이 어떻게 여러 개일 수 있습니까?"

아마도 과거의 최상급에는 the most important thing이라는 단수 최상급은 있어도 one of the most important things라는 복수 최상급 형태는 없었을지 모르지요. 어쩌면 이는 시대가 복잡해지면서 변한 말의 형태일 수도 있겠습니다. 단수 최우선순위 priority가 근대에 들어와 복수 최우선순위 priorities로 탈바꿈하듯이.

선택의 홍수 시대에 사람들은 최우선순위라는 단어조차 복수로 만들었습니다. 가장 중요한 것들이 널려 있게 된 겁니다. 선택하기 어려운 상황에서 중요도를 결정하는 방법으로 맥커운은 '90퍼센트 법칙'을 제안합니다.

"가장 중요한 평가 기준을 하나 선정한 다음, 그것을 기준으로 0점부터 100점까지 점수를 매기십시오. 만약 어떤 선택의 대상에

90점 미만의 점수가 매겨진다면 그건 0점과 다름없다 판단하고 버리십시오. 이러한 방식을 통해 판단을 내리지 못해 머뭇거리거나 60점이나 70점짜리의 선택들에 발목을 잡히는 나쁜 상황을 피할 수 있습니다. 그 정도 점수에 낮은 선택의 대상에 여러분의 소중한 시간과 노력을 쓸 이유가 없습니다."

최우선순위가 되는 그 한 가지는 무엇일까요?

"당신이 이번 주에 할 수 있는 일 중 다른 모든 일들을 제쳐두고서라도 꼭 해야 할 단 '한 가지 일'The ONE Thing이 무엇입니까?"

게리 켈러와 제이 파파산은 《The One Thing》에서 이 질문부터 던집니다. 그리고 그 한 가지 일을 하기 위해서 우리가 가지고 있는 시간과 에너지는 한정되어 있기 때문에 '더하기'가 아닌 '빼기'가 필요하다고 강조하지요. 빼기를 해야 복수 priorities가 단수 priority로 자리 잡을 수 있겠지요.

최상급은 복수가 아니라 단수이어야지요. 인생에서 the most important thing은 뭘까요? 인생에서 그 한 가지를 찾기가 쉽지 않다면, 이번 주에 내게 the most important thing은 뭘까요? 그도 어렵다면 바로 지금 내게 the most important thing은 뭘까요? 여러 가지 복수 말고 한 가지 단수로서 중요한 것 말입니다.

삶의 우선순위를 정해놓지 않으면

"삶의 우선순위를 정해놓지 않는다면, 다른 사람이 내 삶의 우선순위를 정할 것이다."

그렉 맥커운이 《에센셜리즘》에서 한 말입니다. 섬뜩한 기분이 들지 않나요. 다른 사람이 내 삶을 컨트롤한다니 말입니다.

선택할 수 있는 권한은 인간 본질의 중요한 요소입니다. 신을 믿든 안 믿든, 자본주의자가 되든 공산주의자가 되든, 심지어 자신의 생명을 지속할지 자살할지를 인간은 선택할 수 있습니다. 하지만 간혹 그 선택 권한이 자신에게 없다는 생각이 들 때도 있지요.

이에 대해 맥커운은 역시 《에센셜리즘》에서 이렇게 말합니다.

"뭔가를 선택할 수 있는 능력은 누가 가져갈 수도 사라지는 것도 아니다. 단지 잊히는 것이다."

작가 매들린 렝글은 이렇게 말합니다.

"선택할 수 있는 능력이야말로 우리를 인간으로 만들어준다."

맞습니다. 조직에 있을 때 내 선택권이 내게 없고 조직이나 상사에 있다는 생각이 들기도 하지요. 하지만 심지어 그 조직에 계속 몸담을 것인지도 자신의 선택이지요. 배부른 소리 말라고요. 목구멍이 포도청인데 그렇게 간단한 문제냐고요. 간단한 문제는 아니지요.

그러나 이렇게 생각해 보세요. 시골에서 농사를 지으며 산나물에 밥 비벼 먹고 살 것인지, 회식에서 삼겹살을 구워 먹고 살 것인지도 사실은 내가 정할 따름입니다. 내 삶의 본질적 선택 권한은 누가 가져가거나 없어지는 것이 아니지요. 그것을 잊지 마세요.

삶 속에서 여러 일이 밀려와 선택의 늪에 빠져 있을 때 3W 의 문사를 우선 생각해 봅시다.

"Why? When? What?"

맨 먼저 "왜 하는 거지?"라는 가장 핵심적인 질문 why를 던져야지요. 두 번째는 "하더라도 지금 이 순간에 해야 하는가?"라는 질문 when을 확인해야지요. 이 두 질문에 제대로 답을 못하고 머뭇거린다면 지금은 그것을 할 때가 아닙니다.

이 두 질문을 문제없이 통과했다면 마지막으로 what을 결정하세요. "그렇다면 가장 중요한 무엇을 해야 하지?" 이 세 가지 질문을 자신에게 던져 봅니다. 삶에서 무엇이 우선인지? 그걸 오늘이라는 삶에 제일 먼저 놓아보세요.

49를 버리는 용기

인생은 최선책을 얼마나 잘 선택하느냐가 아니고, 차선책을 얼마나 잘 선택하느냐로 결정됩니다. 선택할 수 있는 최선책은 선택하면 되지요.

문제는 최선책이라는 것이 그리 호락호락하지 않아서 최선책인 것은 알겠는데 현재 불가능한 경우도 많지요. 남들 보란 듯이 성공하려면 제일 좋다는 하버드대학을 나오는 것이 최선책이 될 수도 있겠지만, 현재 내 수준으로는 불가능할 수도 있습니다.

그렇게 불가능한 최선책은 가능한 최선책처럼 고민거리가 아닙니다. 가능한 최선책은 선택하면 되고, 불가능한 최선책은 포기하면 되니까요. 우리가 생각해야 할 것은 우리에게 남아 있는 차선책을 어떻게 잘 선택할 것인가 하는 문제입니다. 그러한 차선책은 대부분 특출 난 것이 없고, 거의 다 고만고만해서 도토리 키 재기가 되기 십상이지요.

어떤 모임에서 앞에 앉은 이가 "이번 선거에서 누구를 선택해야 할지 모르겠다"고 하니, 옆에 앉은 이가 "이번 선거에서는 누가 제일 좋은지 뽑는 것이 아니고, 제일 되어서는 안 될 사람을 생각하면서 투표해야 할 것 같다"고 하더군요.

그 말을 듣고 엉뚱한 생각을 해 보았습니다. 아예 선거 제도를 이렇게 바꾸면 어떨까요. 제일 안 되었으면 좋겠다는 사람을 선택하도록 하여 가장 적게 표를 얻은 사람을 우리의 대표로 뽑는 것이지요. 세상을 살면서 선택하기 어려울 때도 이렇게 할 수 있지요. 어떤 것이 좋은지 망설여진다면, 어떤 것이 제일 싫은지 살펴보는 것입니다.

게리 켈러와 제이 파파산은 공저 《The One Thing》에서 "당신에게 가장 중요한 '단 하나'는 무엇인지" 묻습니다. 모든 일을 제쳐두고서라도 지금 꼭 해야 할 단 한 가지 일은 무엇인가? 이 질문을 접하면 우리는 그 단 하나에 집중하려 합니다. 하지만 이때 우리가 잊기 쉬운 것은 그 '단 하나'를 하기 위해서는 그 '단 하나'에 집중하는 것만큼 '다른 무언가'를 포기해야만 한다는 점이지요. 맞습니다. 한 가지를 선택한다는 것은 다른 것들을 포기한다는 것과 같습니다.

세상의 선택이 99:1 정도로 명확하다면 얼마나 좋을까요. 아니 70:30 정도만 되어도 선택으로 머리가 지끈거리지는 않을 것입니다. 51:49의 경우들이 머리 아프게 하지요. 51이 49보다 그다지 나은 것도 없어 보이니 말입니다.

그렇습니다. 그렇게 차이가 없는 것이니 더 고민하지 말고, 51을 선택하세요. 아니, 정확히 말하면 49를 포기하는 겁니다. 가능한 최선책이나 불가능한 최선책에 머뭇거리며 시간 낭비하지 마세요. 가능한 최선책은 가능한 한 빨리 실행하면 되고, 불가능한 최선책은 가능한 한 빨리 머릿속에서 지우면 되지요.

우리의 에너지를 쏟을 것은 지금 여기에서 가능한 차선책을 살펴보는 것일 거예요. 51을 선택한다는 것은 49라는 작지 않은 것을 나의 선택에서 포기하는 용기입니다.

이걸 할까, 저걸 할까

의과대학에서 내과학 교과서로 《해리슨》과 《세실》이 대표적인 책이었습니다. 저는 어떤 책을 볼까 고민만 하다가 결국은 시험을 앞두고 둘 다 보는 것을 포기하고, 시험 족보만 겨우 챙겨봤지요.

이 선택이 더 좋은 것일까? 저 선택이 더 좋은 것일까? 생각만 하다 시간을 흘려보내곤 합니다. 사람들은 제 진짜 속을 모르기에 이를 신중하다고 좋은 표현으로 저를 평가할 때도 있지만, 저는 사실 우유부단하여 바로 결정을 못 내리는 것뿐이지요.

광고인 박웅현은 '선택'을 이렇게 이야기합니다.

"어떤 선택을 하더라도 절대적으로 완벽한 선택은 없습니다. 옳은 선택은 없습니다. 선택을 하고 옳게 만드는 과정이 있을 뿐입니다. 이 과정에서 가장 중요한 것은 '돌아보지 않는 자세'입니다."

물건을 살 때 저에게 하신 아버지 말씀이 생각나는군요.

"첫 번째 들른 집에서는 사지 말고, 일단 사면 돌아보지 마라."

인생이란 최선책을 선택하느냐 안 하느냐의 문제가 아니지요. 최선책이 확실히 있다면 고민하지 않고 그냥 선택하면 될 테니 말입니다.

인생의 대부분은 최선책은 뿌옇고 도토리 키만 한 차선책들로 둘러싸여 있지요. 선택하기 전에 신중히 비교하는 것은 필요하겠지만, 그래도 비슷한 차선책들이라면 동전을 던져서라도 절대적으로 '옳은 선택'보다는 '옳게 만드는 과정'에 에너지를 쏟아부어 보지요. 돌아보지 말고.

아웃포커싱과 버리기

"야! 사진 참 잘 나왔다."

사진을 찍다 보면 간혹 이런 소리를 들을 때가 있지요. 그러면 '아, 내가 사진에 소질이 있구나' 하는 착각에 빠지기도 합니다. 하지만 실상은 사진 실력보다는 사진기가 좋아서 사진이 예쁘게 나오는 경우가 더 흔하지요. 까막눈으로 보면, 찍으려는 대상만 초점이 또렷하고 주변 배경은 초점이 뿌옇게 흐려 보이면 뭔가 괜찮아 보입니다. 아웃포커싱이라고 하지요.

카네코 유키코는 《적게 소유하며 살기》에서 사진 기술과 무소유라는 주제를 이렇게 연결합니다.

"사진 촬영에 '배경 처리'가 있다. 피사체의 배후에 어수선한 것들이 있으면, 중요한 피사체가 돋보이지 않는다. '무소유 생활'도 바로 이 '배경 처리'와 같다. '무엇을 소유하는가?'보다 '무엇을 소유하지 않는가?'가 어쩌면 그 사람을 더 잘 보여줄지도 모른다."

나를 잘 보여주는 것이 무엇인가요? 아니 질문을 바꾸어 나에게 가장 중요한 것이 무엇인가요?

앞의 글에서 '단 하나'를 하기 위해서는 그 '단 하나'에 집중하는 만큼 '다른 뭔가'를 포기해야 한다고 했지요. 맞습니다. 한 가지를 선택한다는 것은 내게 가장 중요한 것을 위해 다른 것들을 포기한다는 것과 같습니다.

오늘 하루 무엇을 포기하고 살았나요? 아니, 무엇을 위해서 무엇을 포기하고 살았나요?

아웃포커싱 사진은 좋은 사진이 아니고 단지 배경을 다소 포기한 것뿐이지요. 배경이 중요하지 않아서가 아니라 배경보다 사진기 앞에 있는 당신이 더 소중하니까 (배경에게는 미안하지만) 초점을 포기하는 거예요.

아웃포커싱 하세요. 그런데 무엇에 초점을 맞출 건가요? 아니, 무엇을 과감히 버릴 건가요?

유기수와 무기수

다음 둘 중 하나를 선택하라면 무엇을 선택하시겠습니까?

유기징역을 받아 몇 년 후 출소하는 유기수와 무기징역을 받은 무기수.

이런 걸 질문이라고 던지는 제가 우둔하지요. 하지만 무기징역을 받고 수감 중에 《감옥으로부터의 사색》을 남긴 신영복에게 김정운은 묻습니다. 미래를 기약할 수 없는 무기수가 도대체 무슨 동기로 20년을 한결같이 그런 편지를 쓸 수 있었느냐고.

"충분히 그런 질문이 가능한데요. 유기징역, 소위 말하는 2, 3년 후에 출소하는 단기수들 하고 무기수들 사이에는 결정적 차이가 있어요. 단기수들에게 징역이란 빨리 끝나면 좋을 기간이죠. 아무 의미를 담지 않고 오로지 출소만 생각해요. 반면 무기수는 출소 날짜가 정해져 있지 않기 때문에 하루하루가 뭔가 살아갈 의미가 있어야 해요. 결과적으로 인생이란 그런 게 아닌가 해요. 삶 자체가 과정이 아름다워야 하고, 뭔가 자부심을 느낄 수 있어야 하고, 깨달음도 있어야 하고…. 그래서 아마 무기수라는 어쩌면 굉장히 절망적인 상황이 인생에 또 다른 시각을 열어주기도 하지 않을까

하는 그런 느낌을 가지게 됩니다."

과정으로서의 삶을 이야기하는 신영복의 말에 김정운은 뒤통수를 맞는 느낌이었다고 토로하며, 신영복과의 대담을 《남자의 도구》에서 이렇게 정리합니다.

"군대 간 이들은 제대 날짜만 생각한다. 유학 떠난 이들은 학위 따는 날만 기다린다. 언젠가는 제대하고, 언젠가는 학위를 딴다. 그러나 제대 날짜를 기다리고, 학위 따는 날을 기다리며 지나간 내 젊은 날은 과연 내 삶이 아니란 말인가? 그렇게 제대하면 뭐하고, 그렇게 학위를 따면 뭐하는가. 그 사이에 '우리 기쁜 젊은 날'은 맥없이 사라져버리는데."

제대 날짜만을 기다리거나 학위 따는 날만 기다리며 오늘을 지워가는 삶은 출소 날짜만 기다리며 감옥 벽에 날짜를 지워가는 유기수의 삶과 마찬가지로 내일 어느 시점에 오늘을 저당 잡고 사는 것은 아닌지요. 그래서 '지금 여기'가 아닌 '어느 미래의 저기'에서 내 삶이 헤매는 것은 아닌지요.

감옥이라면 하루라도 빨리 속박을 벗어나고 싶은 유기수가 낫겠지만, 삶이란 출소일이 정해져 있지 않으니 무기수와 같지요.

신영복은 마지막 책 《담론》을 남기고 떠납니다. 세상을 떠나면서도 세상과 담론을 나누고 싶었나 봅니다.

재미와 의미

재미와 의미. 그래 바로 이거야. 《강원국의 글쓰기》를 읽다가 두 단어가 눈에 꽂혔습니다. 재미와 의미가 제가 찾아야 할 두 가지 맛이에요.

재미있는 일을 만나면 시간 가는 줄 모릅니다. 같은 시간인데 재미있는 일을 하다 보면 시간은 후딱 지나가지요. 재미는 저를 깨어 있게 합니다. 누가 뭐라 해도 재미있는 일은 저를 빠지게 하지요.

의미 있는 일을 만나면 스스로 경건해집니다. 제 삶의 가치를 다시 생각하게 되지요. 의미 있는 일은 조금 힘들더라도 웃으면서 할 수 있습니다. 무더운 날 비지땀 흘리면 짜증이 나지만, 의미 있는 일을 하면서 흘리는 땀은 오히려 상쾌하게 합니다. 의미는 그런 것인가 봅니다.

재미도 있고 의미도 있는 일이라면 더할 나위 없겠지요. 그건 누가 말려도 기어이 하고 말 거예요. 앞에서 막으면 뒤에 숨어서라도 하겠지요. 재미가 있고 게다가 의미까지 있는데 그걸 누가 말리겠어요. 인생에 그런 일을 하고 산다면 그는 행복한 사람입니다.

재미만 있다면 그런 재미에는 여러 경우가 있겠지요. 그런데 재미는 누구를 위한 것일까요? 재미는 바로 나를 위한 것이지요. 다른 사람이 아니라 내가 재미있어야 재미있는 것이지요. 재미의 중심에는 내가 있습니다. 그래서 가끔 나의 재미는 남에게 피해를 줄 수도 있지요. 그런 재미는 피해야겠지요.

반면에 의미만 있다면요? 의미는 누구를 위한 것일까요? 의미는 나와 너를 위한 것입니다. 나만의 의미나 너만의 의미보다 우리의 의미가 진정한 의미지요. 의미의 중심에는 우리가 있습니다. 의미의 중심에는 나도 있지만, 너도 있지요. 재미는 나의 이야기지만, 의미는 너에게도 해당하는 이야기입니다.

재미와 의미를 생각하다 보니, 재미의 한자어가 궁금해졌습니다. 의미의 한자어는 바로 생각이 났습니다. 의미意味는 뜻 의意와 맛 미味이니 '뜻있는 맛'이라는 말인가 봅니다. 의미의 풀이는 그럴싸합니다.

그런데 재미의 한자어는 무엇일까요. 사전을 찾아봤습니다. 아니, 재미는 한자어가 없더군요. 비슷한 단어인 의미와 재미 중 의미는 한자어인데, 재미는 한자어가 없다니 이상했지요. 그래서 더 찾아봤습니다. 그러니 재미의 한자 어원은 자미에서 나왔다더군요. 이제 자미를 들여다볼까요.

자미滋味. 불을 자滋, 맛 미味. 불을 자滋는 물水을 머금어 울창해
진다滋는 뜻이지요. 비가 오면 수풀은 우거집니다.

올해 봄에 집으로 들어오는 작은 터에 대나무를 몇 그루 심었
습니다. 비가 몇 차례 오니 죽순이 땅을 뚫고 삐죽이 나옵니다. 비
도 자주 오고, 물도 자주 주니 죽순은 어느새 대나무로 쑥쑥 자랍
니다. 우후죽순雨後竹筍. 불어날 대나무 숲이 벌써 그려집니다.

불어나는 맛. 그 불어나는 맛이 재미지요. 그래서 대나무가 불
어나는 것도 재미있고, 돈이 불어나는 것도 재미있고, 운동 실력
이 불어나는 것도 재미있고, 심지어 아는 것이 불어나는 것도 재
미있습니다.

그 맛을 아는 사람은 그 분야의 고수가 되지요. 운동 실력이 불
어나는 맛을 아는 운동선수는 프로가 됩니다. 학문의 맛을 아는
학자는 그 분야의 대가가 됩니다. 자미는 불어나는 맛입니다.

재미있으려면, 아니 자미있으려면 맛있어야 하고 불어나야 합
니다. 불어나는 맛이 있어야지요.

의미는 없지만 재미있는 일도 있습니다. 하지만 이런 경우에는
나만 재미있고 혹시 남에게 피해 가는 것은 아닌지 살펴야 합니
다. 설령 남에게 피해를 주지 않는다 해도 나에게조차 의미 없는
일이라면 아무리 재밌더라도 다시 생각해봐야 하지 않을까요.

의미는 있지만 재미가 없는 일이라면 어떨까요.

일단 의미가 있으니 좋은 일 같지만 평생 계속 그 일만 하며 살

아야 한다면 그것도 지옥이겠지요. 세상에 의미 있는 일이 한두 가지인가요. 그 일을 모두 내가 해야 한다는 강박증을 가질 필요는 없겠지요.

재미는 나의 사건이며 나의 이야기입니다. 의미는 그것을 남과 함께 나누고 공감할 때 일어나지요.

쓴맛 신맛도 겪는 것이 인생이지만 단맛도 가끔 느껴야 인생 살맛나지 않겠어요. 그런 여러 가지 맛 중 그래도 제일은 재미와 의미입니다.

판사가 되려 하지 말고

아재가 웃긴 말을 하면 아재 개그라 합니다. 그런데 아재 개그란 뭘까요?

상황에 맞지 않게 뜬금없이 동음이의어를 이용한, 시대에 뒤떨어진, 개그를 뒤늦게 하여 분위기를 썰렁하게 만드는 것이라네요.

아재들끼리 여행을 갔습니다. 고등학생 때 만난 절친들과의 시간은 늘 즐겁습니다. 게다가 펜션에서 1박까지 하는 여행이니 얼마나 즐겁겠어요. 한 친구가 맛있는 것들을 바리바리 싸 와서 잘 먹고 잘 놀고 어쨌든 즐거웠습니다.

그런데 아재 다섯 명이 모이니 음식을 준비할 때도 그 특징이 나타나더군요. 한 친구가 그 특징을 바로 이야기합니다. "중년 아저씨들 모이면 모두 입으로만 일해."

중년을 살다 보니, 본 것도 많고 들은 것도 많아서 다 안다고 착각하며 살 나이입니다. 찌개 하나를 끓여도 나름 전문가입니다. 아내가 끓이는 것도 본 적 있고, TV에서 백종원이 끓이는 것도 본 적 있고, 어렴풋하나마 학생 때 캠핑 가서 끓인 기억도 있으니 착각에 빠지는 거예요. 찌개 한번 제대로 손수 끓인 적이 없으면서도 말입니다.

직장에서도 이 나이의 아재들은 발로 움직이는 것보다 입으로 일하는 경우가 많습니다. 그런 아재들이 함께 여행하다 보니 손발로 움직이기보다 말이 먼저 나오는 게지요. 그렇게 한 마디씩 거드는 가운데 찌개도 끓고 반찬도 차려지면서 아재들의 여행 식탁은 차려졌습니다.

그나마 오래된 친구들이니 즐거울 수 있겠지요. 만약 그런 사이가 아니라면 입만 살아있는 분위기가 마냥 좋을 수는 없겠지요.

중년 남성을 주제로 다룬 EBS 프로그램 중 남성들과의 대화에서 '진실 공방'만 한다는 내용이 나오더군요. 진실 공방이란 누가 옳고 그른지 무엇이 정답인지 판단하고 다투는 일이지요. 사실 이것은 중년 남성만이 아니고 남성 자체의 문제일 수도 있습니다.

남녀 간의 대화 차이는 연애하는 남녀 간의 대화에서도 확연히 드러나지요. 좋은연애연구소장 김지윤은 남녀 간의 대화 차이를 맛깔나게 표현합니다.

여성이 말합니다. "오빠, 나 어제 신도림역에서 영숙이 만났다." 그러면 남성은 십중팔구 이렇게 반응하지요. "그래서?"

남성은 여성의 이야기를 듣고 머릿속에서 여러 가지 의문이 생깁니다. 영숙이를 만난 게 어쨌다는 거야? 나더러 어쩌라고? 내가 답해 줄 무엇이 있는지 판단하려 하지요.

이에 대해 여성의 반응은 보통 이렇습니다. "영숙이 만났다고!"

약간 목소리도 커지지요. 물론 남성의 목소리도 다소 커집니다. "그래서? 왜?" 약간 짜증도 섞입니다. "왜는 왜야? 신도림역에서 영숙이 만났다니까!!" 여기까지 나가면 그다음 상황은 불 보듯 뻔합니다.

하지만 여성들의 대화는 다릅니다. "나, 어제 신도림역에서 영숙이 만났다." 그러면 맞장구부터 치고 봅니다. "영숙이 만났어? 정말이야."

이렇듯 여성은 적절한 리액션을 하며 대화를 이끌어 나갑니다. 하지만 남성은 대화를 나누면서 팩트를 체크하고 무엇인가 판단하려 합니다. 남성은 뭔가 판단할 거리가 없으면 대화에 관심을 두지 않으려 하지요.

아내가 낮에 겪은 일을 씩씩거리며 이야기합니다. "글쎄 말이야. 우리 아이가 공놀이 하다가 앞집 자동차를 조금 부딪쳤나 본데, 그걸 가지고 그 집 주인아줌마가 뭐라 그러는 것 있지." 저는 머릿속에 무엇이 팩트이고 누가 잘못한 것인지 판단하려 합니다. 아직 판단이 잘 안 서니 근거를 더 찾으려 합니다. "자동차에 흠집이 많이 났어?" 아내는 여전히 씩씩거리며 대답합니다. "아니, 조금 났어. 그걸 가지고…." 제 머릿속에는 사건 정황도 파악되었으니 이제 판단을 내리려 합니다. "그건 우리 아이가 잘못했네. 자동차에 흠집을 냈으니, 수리비를 주거나 사과를 했어야지." 아내의 눈빛이 이상해집니다. "아니 그래도 그렇지. 아이가 한 것을 가지고 그렇게….” 다음 상황은 여러분 상상에 맡기겠습니다.

아내는 그 상황이 속상한 것이고, 그래도 가장 가까운 옆지기라고 속상한 마음을 드러낸 것이지요. 그리고 같은 편으로서 토닥거림을 받고 싶었던 게지요. 하지만 남편은 내 편이 되어주기는커녕 남의 편이 되어 버립니다. 스스로는 중립에 서서 정확한 판결을 내리는 판사와 같은 표정까지 지어가며 말이죠.

물론 이것이 남녀 간의 차이를 다 설명해 줄 수는 없겠지요. 하지만 이런 남녀 차이가 있을 수 있다는 것을 저는 40대 후반이 되어서야 비로소 조금 알게 되었지요. 그러고 보니 결혼 생활에서도 주로 이런 차이 때문에 다툰 것 같기도 합니다.

그래서 저는 두 아들에게도 여성의 언어를 가르쳐 줍니다. 따지지 말고 그저 우선 리액션부터 하라고. 물론 큰 기대는 하지 않습니다. 그들도 산전수전 다 겪고 시절이 흐른 후에야 그 의미를 깨닫게 될 테니 말입니다.

결론은 팩트를 체크하는 ‘진실 공방’에 머물지 말라는 겁니다. 누가 잘못했고 누가 잘했고 판단하는 것은 판사가 할 일이지, 친구가 할 일도, 남편이 할 일도 아닐지 모릅니다.

판사가 되지 말고 차라리 변호사가 되세요. 설령 좀 잘못했더라도 편이 되어주려는 노력이 대화를 트는 길이겠지요.

어설픈 아재 개그나 차가운 진실 공방보다는 따뜻한 리액션이 우리의 대화를 즐겁게 이끄는 법이니까요. 대화는 취조가 아니니까요.

되고 싶은 것 말고 하고 싶은 것

귀여운 꼬마 아이를 만나면, 머리를 쓰다듬으며 물어봅니다. "몇 살이에요?" 아이가 손가락으로 자신의 나이를 표시하는 때가 지나면, 이렇게도 물어봅니다. "커서 뭐가 되고 싶어요?" 이 질문에는 미래와 직업이란 두 요소를 지니고 있습니다. '미래에 어떤 직업을 가질래?'

향후 갖고 싶은 미래의 직업은 인생의 방향을 생각하게 하는 좋은 질문일 수 있습니다. 하지만 미래 이야기 말고, 현재에 좀 더 관심을 가진다면 어떨까요? 직업, 직위 그런 것 말고, 하고 싶은 것 그 알맹이에 관해 이야기를 나눈다면 어떨까요? 미래에 초점을 맞추다 보니, 현재는 미래를 준비하기 위한 시간, 희생시켜도 되는 여정이 되어버리지요.

직업이나 직책이라는 겉옷에 초점을 맞추다 보니, 그 일을 왜 하고 싶은지, 그 겉옷이 싸고 있는 알맹이가 무엇인지 별생각 없이 겉옷만 날름 받게 되는 것이 아닐까요.

국회의원이나 대통령이 되려고 정치를 하는 것이 아니라, 국민에게 좀 더 나은 삶을 제공하려고 정치를 하다 보니 국회의원이나 대통령이 되어 있는 모습.

의사가 되려고 힘든 의대 공부를 하는 것이 아니라, 아픈 사람을 고치고 싶은 마음을 가지다 보니 의사가 되어 있는 모습.

변호사가 되려고 사시 공부를 하는 것이 아니라, 부당한 일을 당한 힘없는 사람 편을 들어주다 보니 변호사가 되어 있는 모습.

교수가 되려고 박사 공부를 하는 것이 아니라, 후학들에게 학문적 가르침과 자세를 전하다 보니 스승이 되어 있는 모습.

부처가 되려고 수행을 하는 것이 아니라, 삶에 대한 깊은 성찰의 시간 속에 부처가 되어 있는 모습.

뭐가 되고 싶어서 된 사람들 말고, 뭐가 하고 싶어서 하다 보니 뭐가 된 사람들을 더 많이 만나고 싶습니다.

이제부터 아이들에게도 "커서 뭐가 되고 싶냐"고 묻지 말아야겠습니다. 그냥 아이들의 맑은 눈을 보며 이렇게 물어야지요.

"뭐를 하고 싶어요?"

사람이 재주를 가지고 태어난 것은

"사람이 재주를 가지고 태어난 것은 자기가 잘나서 얻은 것도 아니고 하늘이 날 때부터 준 것인데 그것을 닦아서 쓰지 않는다면 나쁜 사람이라는 것을 알아야 할 것이다."

화가 이응노의 말입니다. 재주를 닦아 쓰지 않으면 게으른 사람 정도가 아니고 나쁜 사람이라니, 그 일침이 대단합니다. 자신이 가진 재주가 나에게서 난 것이 아니고 주어진 것이란 깨우침에서 나온 것이겠지요.

그 재주 한번 닦아 써보려 하는데 아무리 살펴봐도 나에게 재주가 없다고요? 세상에 재주 있는 사람은 많은데, 나는 왜 이리도 재주가 없을까 한탄만 된다고요. 맞아요. 나보다 잘난 사람은 많지요. 시선을 위만 바라보면 왠지 위축됩니다.

정치에 몸담았다가 다시 작가로 돌아온 유시민은 《어떻게 살 것인가》 서문에서 '지식소매상'을 자처합니다. "유용한 지식과 정보를 찾아 요약하고, 발췌하고, 해석하고, 가공해서 독자들이 편하게 읽을 수 있는 이야기로 만드는 것이 지식소매상의 역할"이라는 것이지요. 세상에는 새로운 지식을 만드는 사람도 있고, 그것을 다른 사람이 이해하기 좋게 정리해서 전달하는 사람도 있을 겁니다. 세상에는 새로운 지식을 만드는 사람만 필요한 것도 아니고, 전달하는 사람만 필요한 것도 아니니까요.

유시민이 지식소매상으로 돌아와 쓴 그 책에는 이런 글이 있습니다.

"국제 가수 싸이, 은반의 여왕 김연아, 백신 박사 안철수, 밀리언셀러 작가 혜민 스님, 국민 미남 장동건도 부럽지만 열등감은 없다. 그들은 각자 자기의 나무를 오르고 있을 뿐이다. 나도 적당한 나무를 골라 오르면 된다. 그게 세상에서 제일 큰 나무가 아니면 어떤가. 내게 맞고 오르는 것이 즐거운 나무라면 된 것 아니겠는가."

여러 그루의 나무 중 한 나무가 있는 것은 아름다운 숲을 이루려는 것이지, 가장 큰 나무가 되기 위한 것이 아니지요.

하늘을 봅니다. 하늘이 내게 뭔가를 주어 세상에 내보낸 이유가 있겠지요. 다 얻은 것이니 돌려주고 가야지요. 주어진 재주를 알아채지 못하고 돌아간다면 하늘을 볼 면목이 없을 테니까요.

최근에 그리고 있는 것은

"최근에 그리고 있는 것은 무엇이지?"

그림을 그리는 청년이 어떤 선배를 찾아가 자신이 이전에 그렸던 그림들을 찍은 사진을 보여주자, 그는 이 한 마디를 물었습니다.

한동안 저에게 중요한 주제 중 하나는 은퇴 후 삶이었습니다. 문제는 그 주제에 제대로 답을 구할 수 없었다는 점이지요. 여러 선배들을 만날 때마다 은퇴 후 무엇을 할지 여쭈었으나 뾰족한 답을 구하지 못했습니다. 은퇴한 분들의 모습을 따라가 보아도 마찬가지였지요.

동료는 그런 저에게 핀잔을 줍니다. "아직 은퇴하려면 십 년이나 남았는데 뭐 그렇게 은퇴를 생각해." 그렇지요. 아직 남은 시간은 있지만, 그래도 은퇴 후의 삶은 저에게 가장 관심이 가는 주제 중 하나입니다.

어쩌면 은퇴라는 주제는 늙어감에 대한 주제와 통할 것입니다. 그러나 이제 저는 은퇴 계획에 대해서 조금 자유로워졌습니다. 아직 은퇴 후 계획이 뚜렷하지는 않지만 은퇴하더라도 늦지 않으려 합니다.

아니, 건방지게 제가 늙지 않는다고 선언한다고 해서 늙지 않는 것은 아니겠지요. 그렇군요. 그렇게 말해서는 안 되겠군요. 그저 은퇴 후에도 계속 배우며 성장하며 살겠다고 부연해야겠군요.

늙음은 성장을 멈추는 것인데, 은퇴 후에도 성장을 멈추지 않는다면 비록 머리는 더욱더 하얗게 되고 이마에는 주름살이 깊어지겠지만 우리의 속 모습은 청춘일지 모르지요. 기존에 가지고 있는 것만 자기 안에서 고수하려 할 때 우리는 늙습니다. 성장을 멈추지 않을 때 우리는 청춘이지요.

"당신에게 지금 성장 계획이 있습니까?"

존 맥스웰은 이 질문을 스물네 살에 받습니다. 이 질문에 큰 충격을 받은 그는 성공이 목표가 아닌 성장이 목표인 삶으로 인생의 방향을 바꿉니다. 그 깨달음을 《사람은 무엇으로 성장하는가》라는 책에 담았지요.

성장한다는 것은 익숙해진 어제와 조금씩 다르게 커간다는 것이지요. 남에게 배우며 커간다는 것입니다. 책을 통해서든, 직접 가르침을 받든 조금씩 자기를 바꾸어간다는 것이지요. 특히 나이가 들어가면서 배울 때 저는 다음 두 가지 원칙을 세웠습니다.

첫 번째는 내 안에 차곡차곡 쌓아두기 위해 배우는 것이 아니라 남 주기 위해 배우자는 원칙이지요. 나이 들수록 자기 자신을 비워야 하는데 배움으로 꽉 채우는 것도 욕심입니다. 이제 나누어 주어야지요. 그래야 떠날 수 있을 때 비우고 떠나겠지요.

두 번째는 오래되어 케케묵은 것뿐만 아니라 최신의 따끈따끈한 것도 배우자는 원칙입니다. 나이 든 이가 오래전에 배운 내용이나 경험만을 들추어낼 때 그것은 배움의 전달이 아니라 늙은이의 잔소리가 됩니다.

배움은 나의 부족함을 깨닫는 것이 전제되고, 그 부족함에서 겸손해질 수밖에 없어, 낮은 자세로 가르침을 구하는 것이지요. 그러므로 배우기 위해서는 뒷목을 꼿꼿이 세워서는 안 됩니다. 고개를 숙여야지요.

은퇴 후에는 과거 직위로 불리는 경우가 많습니다. 국회의원이나 장관은 한 번만 해도 평생 "의원님"이나 "장관님"으로 살아가지요. 하지만 사람이 과거의 호칭으로 불리기 시작할 때부터 그 사람은 성장이 멈춘 것일지 모릅니다.

교수직을 헌신짝 버리듯 내팽개친 파마머리 김정운은 《노는 만큼 성공한다》에서 노후의 아이덴티티를 이야기하지요.

"불과 몇 개월 몇 년에 불과한 사장, 은행장, 장관의 지위로 평생을 살지 말자. '저분은 전에 장관이었어'라는 말보다 '저분은 중국 고전 전문가야' '저분은 민물낚시 광이야' '저분은 난초에 미친 분이야'라고 소개받자."

그의 글을 접하고 제 은퇴 후 목표가 뚜렷해졌습니다. 과거의 직위로 불리지 말자.

"최근에 그리고 있는 것은 무엇이지?"

그 청년이 받은 질문을 은퇴 후 제가 받을 때 뭐라고 대답할까요.

"아, 여기 있습니다."

만약 그때도 그림을 그리고 있다면 이전에 그려놓은 것 말고 최근에 그린 것을 보여주어야겠지요. 아니 굳이 이런 대답이 아니더라도 이렇게 대답할 수도 있겠지요.

"아, 이제는 그림을 그리지 않습니다. 하지만 제가 지금 관심 있게 배우고 있는 이것을 보여 드릴까요?"

잘하는 것과 자라는 것

"왜 사십니까?"

이렇게 물으면 뭐라고 대답하시겠습니까?

참 공허할 수 있는 질문이지요. 삶에서 중요한, 가장 중요한 질문일 텐데, 인간이 그 정답을 알 수 없는 질문이 아닐까도 싶습니다.

누군가는 성공하기 위해서 산다고 대답할 수도 있겠고, 다른 대답들도 있겠지요.

그런데 배우기 위해 산다는 대답을 들으면 어떤 느낌이 들까요? 아예 인생이란 한평생 배우러 왔다 가는 것이라는 현자의 말을 듣는다면, 고개를 끄덕일 수 있을까요? 학생 때 제일 싫어하는 것이 '공부'였던 우리에게 배우는 것이 우리 삶의 목적이 된다는 것에 쉽게 수긍하기는 어렵겠지요.

한 걸음 더 나아가 사람은 배우기를 원한다고 말한 사람이 있습니다. 아리스토텔레스이지요. 그가 《형이상학》 제1권 1장 첫 문장에서 한 말입니다. 막일꾼에서 서울대 법대를 수석 입학한 장승수의 《공부가 가장 쉬웠어요》라는 책 제목처럼 그 정도 수준이 되면 배우는 것이 가장 쉬운 것이었을까요. 하지만 아리스토텔레스도 "고통 없는 배움은 없다"고 했다지요.

배운다는 것은 아픔입니다. 배운다는 것은 기존의 것을 버리고 새로운 것을 받아들인다는 것인데, 그 익숙해 있던 것을 버리는 아픔을 받아들여야 새로운 것을 받아들일 수 있기 때문이지요. 그 과정이 바로 '자람(growing)'입니다.

삶의 목적은 감히 알기 어렵지만, 삶 자체는 자라는 것입니다. 삶의 목적은 '잘하는 것이 아니라 자라는 것'입니다.

성장과 성숙

살아있다는 것은 멈추어 있지 않다는 것입니다.
살아있다는 것은 가만히 있지 않다는 것입니다.

살아있다는 것은 자란다는 것이고
살아있다는 것은 변한다는 것이지요.
어제와 오늘이 다르다는 것입니다.

동물은 조금 빨리 움직이며 변해가고
식물은 조금 느리게 움직이며 변해갈 뿐

살아있는 것은 가만히 있지 않고 모두 변해 갑니다.

서로의 시간 속도가 다를 뿐
살아있는 것은 각자의 시계를 가지고 변해 갑니다.

산야도 변하고
하물며 우주도 변한다는데
살아있는 것 중에 변하지 않는 것이 어디 있겠어요.

변하는 것은 자라는 것일까요.
자라는 것은 성장한다는 것일까요.

성장하는 것이 더 커지는 것이라면
성숙해진다는 것은 더 깊어지는 것입니다.

성장하는 것이 더 많아지는 것이라면
성숙해진다는 것은 더 익는다는 것입니다.

성숙해진다는 것은
커지는 것도 많아지는 것도 부러워하지 않고
더 깊게 더 진하게 익어간다는 것입니다.

6장

◆

나의 뇌를
벗어나서

'나'와 마음

왜 이리도 집착할까.
나란 존재에.
그저 피부 안 작은 공간인데.

왜 이리도 힘들까.
나를 벗어남이
더 큰 공간과 통하는 길이라는데.

고요히 앉아
숨을 쉬며
마음을 바라본다.

What are you?

뭐라고요? "Who are you?"는 들어봤어도 "What are you?"는 못 들어봤다고요. 그러면 "Who are you?"에 대해 대답해 볼까요. 이 질문에 대한 대답을 우리는 항상 준비하고 있습니다. 자주 접하는 익숙한 질문이지요.

"당신은 누구십니까?" "나는 이상현입니다."

익숙한 질문에 이름을 댔는데 연이어 이렇게 묻는다면 어떨까요.

"당신의 이름을 바꾼다면 당신이 아닙니까? 당신은 누구십니까?" "나는 의사입니다."

나라는 존재를 설명하기 위해 내가 하는 일을 이야기했는데 질문은 계속 이어집니다.

"의사라는 직업을 바꾼다면 당신이 아닙니까? 당신은 누구십니까?" "나는 성실한 사람입니다." "성실하지 않다면 당신이 아닙니까? 당신은 누구십니까?"

선방의 스승은 이렇게 질문한다지요. 질문은 이어지고 점차 우리는 답을 하기 어려워집니다.

"당신은 누구입니까?"

이런 질문에 일상적으로 대답하는 나를 '개념화된 자아'라 하지요. 그 개념화된 자아로만 자기를 규정할 때 여러 문제가 발생합니다. 어떤 사람은 '나는 성실한 사람'이라는 개념화된 자아에 묶여 '나는 성실하다'를 넘어 '나는 성실해야만 해' 혹은 '나는 착해야만 해' 등으로 자기를 옭아매어 마음의 병을 얻기도 하지요.

심리학자 스티븐 헤이스는 《마음에서 빠져나와 삶 속으로 들어가라》에서 세 가지 자아를 소개합니다.

첫째는 개념화된 자아conceptualized self, 둘째는 지속적인 자각 과정으로서 자아ongoing self-awareness, 셋째는 관찰하는 자아observing self.

둘째의 지속적인 자각 과정으로서 자아는 그냥 '알아채는 나'라고 이해하면 조금 쉬워지더군요. 어쩌면 "Who are you?"라는 질문이 개념화된 자아에 대한 질문으로 굳어 있다면 "What are you?"라는 생소한 질문은 나 자신을 그대로 알아차리는 질문이 될 수도 있을 거예요.

What are you? 물질적으로 나는 피부 안 존재이고 나와 세상은 피부라는 경계로 이루어져 있지요. 나를 개념적으로 규정하기에 앞서 나라는 존재 자체를 그대로 알아차려 보는 것은 어떨까요.

나의 피부가 어딘가에 닿아 있고, 바깥 공기가 코를 통해 내 몸속에 들어와 나의 일부가 되고, 마시는 물이 입을 통해 내 안으로 들어와 역시 나의 일부가 되고, 어떤 말과 소리가 나의 귀를 통해 들어와 내 뇌에 일부 자리 잡고….

이렇게 매 순간 나는 피부 안과 밖의 세상과 연결됩니다. 바깥에 있던 것이 내 안에 들어와 나의 일부가 되었다가 다시 나를 떠나기도 합니다. 그렇게 잠시 들어와 머물면서 나인 척하다가 어느새 나를 떠납니다.

내가 먹는 음식도 일부 나의 신체가 되고 나머지는 빠져나가지요. 내가 들은 소리도 일부 나의 생각이 되고 나머지는 빠져나갑니다. 하지만 머물렀다고 여겼던 생각도 다시 떠나곤 하지요. 신체 구성 성분도 마찬가지고요.

개념화된 자아에 너무 얽매여 있으면 여러 마음의 고통에 빠지기 쉽지요. 고정화된 개념적 자아에서 지속적으로 알아차리는 자아, 그리고 그것을 바라보는 자아로 넘어갈 때 자신을 온전히 들여다볼 수 있지요.

"What are you?"라는 생소한 질문은 어쩌면 "Who are you?"라는 익숙한 질문보다 더 실제로 나를 알아차리는 마중물이 될 수 있습니다. What이라는 의문사를 어떤 개념이 아닌 실체를 제대로 느끼고 들여다보는 질문으로 받아들인다면 말이지요.

나의 경계는 어디인가

내가 누구인지에 대한 형이상학적 질문이 아니더라도 '나'라는 존재를 결정짓는 경계는 어디일까요? 한 국가의 경계는 국경선으로 정해져 있지요. 그 국경선 안쪽을 그 국가의 영역이라 설정합니다. 그렇다면 '나'라는 존재의 경계는 무엇일까요?

어쩌면 국경선을 그리는 것보다 더 쉽게 나의 경계선을 그을 수도 있겠지요. 그 경계선을 내 피부로 설정한다면 나라는 존재는 내 피부 안쪽 영역으로 설정됩니다. 그래서 내 몸뚱이 하나 잘 건사하기 위해 애를 쓰고 욕심도 부려보는 것이겠지요.

그냥 볼 때 피부는 방수도 잘 되니 꽉 막혀 있는 벽처럼 생각되기도 하지만, 자세히 들여다보면 구멍이 뻥뻥 뚫려 있다고 하지요. 물리학적으로 보면 피부 세포를 구성하는 분자와, 이를 이루는 원자로 피부가 이루어져 있지요. 아시다시피 태양계 안에서 태양을 도는 지구와 같이, 원자는 원자핵을 도는 전자로 이루어져 있지요.

여기에 생각이 미치게 되면 물질은 에너지라는 주장이 이해되기도 합니다. 구멍 하나 없이 매끈한 피부로 보이지만, 물리학적 관점에서 딱딱한 고체도 자세히 들여다보면 텅 빈 공간에 진동만으로 남게 되지요. 전자 등의 진동만 있는 겁니다.

어이쿠, 잘 모르는 물리 이야기를 끄집어냈네요. 그래요. 나의 경계에 관해 이야기하고 있었지요. 빈틈없이 꽉 차 있는 피부가 내 경계라 생각했는데, 사실 그 경계가 실제로는 텅텅 빈 열려 있는 공간이라는 것을 인식한다면 내 경계가 모호해지기도 하지요.

아니, 복잡한 물리 이야기 말고 우리 주위에서도 흔하게 나의 경계가 나를 벗어나는 현상을 접하게 됩니다.

예를 들면 나의 경계는 가끔 가족으로 확대되기도 하지요. 가족을 위해 자기 자신을 희생하는 이야기는 드물지 않게 접합니다. 그렇게 가족을 위해 희생할 수 있는 것은 나의 경계가 가족이라는 울타리로 확대되어서이기도 하지요.

이런 나의 경계는 친구로 확대되기도 하고, 국가나 민족이라는 경계로 확장되기도 합니다. 국가를 잃은 아픔이 나의 아픔이 되어 국가의 독립을 위해 나의 몸을 희생하기도 하지요.

이왕 나의 경계를 확장해 봤으니, 더 확장해 볼까요? 어떤 이는 멀리 있는 다른 나라에서 어려운 일을 겪고 있는 사람들의 아픔을 자신의 아픔으로 느끼며 그들을 위해 자신의 고국을 떠나 먼 이국에서 일생을 바치기도 합니다.

이런 측면으로 본다면 인간뿐 아니라 동물이나 자연의 아픔을 느끼는 사람도 나의 경계는 *거기까지 확장된 것일 겁니다.*

달라이 라마는 타인들도 나와 똑같이 고통받고 있고, 똑같이 행복을 원하고 있다는 것을 강조하지요. 그리고 이러한 사실을 이해하는 것이 진정한 인간관계의 시작이라는 깨우침을 전하지요.

달라이 라마와 인터뷰하는 기자가 전쟁 중의 다른 나라 이야기를 꺼내니, 달라이 라마는 말을 끊고 잠시 아픔을 느낍니다. 그의 몸은 여기에 있지만, 그는 멀리 고통 속에 있는 사람들에게 가서 실제 그 고통을 느끼는 것이지요. 대단한 경지입니다. 달랑 피부 안쪽 몸뚱이의 안위에만 관심을 두고 사는 우리 범인과는 다른 경지이지요.

그러고 보니 우리가 사람을 평가할 때 그릇이 크다 작다는 것은 자신의 경계를 어디에 두느냐에 달려 있군요. 나의 경계를 내 피부 안쪽에만 한정해 두는 그릇의 사람도 있겠고, 나의 경계를 주위에 있는 사람들의 고통까지 함께 느끼는 그릇의 사람도 있겠지요. 큰 그릇은 그만큼 나의 경계가 넓은 것이겠지요.

물론 나의 경계를 넓힌다고 하여 내 주위의 이것저것에 기웃거리는 마당발이 되라는 것은 아니겠지요. 오히려 그런 사람 중에서 주의의 아픔을 자신의 아픔으로 공감하지 못하는 사람도 흔하게 만납니다. 여기저기 만나고 돌아다니는 것이 자신의 몸뚱이 이익을 위한 것으로 꽉 차 있다면 그의 그릇은, 즉 그의 경계는 그리 크지 않겠지요.

자크 뤼세앙은 나치에 저항하다 수용소에 갇힌 경험을 이렇게 말합니다.

"당시의 경험을 통해 나는 우리가 불행을 느끼는 이유는 스스로를 세상의 중심에 놓고, 자신만 참을 수 없는 고통을 겪는다는 확신을 갖고 있기 때문임을 알았다. 자신의 몸 안에, 또는 머릿속에 갇혀 있는 사람은 언제나 불행할 수밖에 없다."

나의 경계는 어디일까요? 나의 몸 안에 갇혀 있지 말고 나오시지요. 피부 밖으로.

건강도 과하면 욕심이다

백 세라는 나이가 무색하게 여전히 활발하게 글을 쓰고 강연을 하는 철학자 김형석에게 기자가 장수 비결을 묻습니다. 그러자 뜻밖의 답이 나옵니다.

"내 몸에 무리가 갈까 봐 거의 운동도 안 해요. 내게는 일할 수 있는 만큼의 건강만 있으면 돼."

뒤통수를 쾅 치는 대답이었지요. 건강도 과하게 추구하면 욕심이라는 깨우침으로 다가왔습니다. 저는 천성이 게으른 탓에 헬스클럽을 끊어도 몇 개월 제대로 나가지 못하다 계약 만료 며칠 전 슬그머니 사물함에 있는 개인 물건을 가지고 돌아오곤 합니다.

얼마 전부터 운동에 대한 생각을 바꾸었습니다. 그냥 될 수 있으면 차를 몰지 않고 걷거나 대중교통을 이용하려 하지요. 집에서 저녁을 먹게 되면 뉴스를 보고 가끔 호수공원을 산책하기도 합니다.

이런 생활 속 걷기가 헬스클럽을 끊고 다녀야 한다는 중압감에서 자유로워져 좋더군요. 운동을 해야 한다는 의무감과 속박에서 벗어나 나름대로 자유로움을 느끼던 차에 노철학자의 대답은 제게 또 다른 차원을 생각하게 했습니다.

건강도 과하면 욕심이다. 생명을 유지하고 살아가는 데 얼마만큼의 건강과 체력이 필요할까요? 물론 완벽한 건강과 체력을 가진다면 좋겠지만, 어쩌면 그것도 과유불급일 수 있겠지요. 내가 하고 싶은 것을 하면서 살아가는 데 주어진 최소한의 건강에 감사하며 살아가는 것도 바람직한 삶의 태도라는 생각이 들었습니다.

기자가 당신의 생명보다 더 귀하게 여기는 것이 뭐냐고 묻자 노철학자는 이런 대답을 보냅니다.

"나이가 드니까 나 자신과 내 소유를 위해 살았던 것은 다 없어져요. 남을 위해 살았던 것만이 보람으로 남아요."

앞의 "내게는 일할 수 있는 만큼의 건강만 필요하다"는 대답과 어쩌면 같은 맥락이라는 생각이 들었습니다.

그는 또 행복에 대해서는 이런 답을 내놓습니다.

"사랑하는 사람을 위해 고생하는 것, '사랑이 있는 고생'이 행복이지요."

그리고 보니 인도의 고승 샨티데바도 같은 말을 했습니다.

"세상의 모든 기쁨은 남의 행복을 바라는 데서 오고, 세상의 모든 고통은 나만의 행복을 바라는 데서 온다."

너무 크게 생각의 지평을 넓히지 않더라도, 자식의 행복을 바라는 부모의 기쁨도 여기에 해당하는 작은 예가 되겠지요. 역시 삶의 고수들은 비슷한 삶의 결론을 내리나 봅니다.

유전자는 나와 다른 사람을 만나라는데

우리는 누구를 만날까요?

끼리끼리 모인다 하니 비슷한 사람끼리 모여 사는 것 같지만 자연의 섭리는 꼭 그런 것만도 아닌 성싶습니다.

"남자 대학생 44명에게 이틀 동안 '면 티셔츠'를 입게 하고 이 기간 동안 다른 강한 냄새는 피하게 했다. 그다음 여학생들에게 땀에 젖은 남학생들의 티셔츠 냄새를 맡게 한 후 호감을 느낀 티셔츠를 고르게 했다. 여자들은 유전자가 자신과 다른 남성의 티셔츠 냄새를 가장 좋게 평가했다."

'냄새 나는 티셔츠 실험'은 체취가 본능적으로 이성의 매력을 이끄는 힘이란 재미있는 실험이지만, 제 관심을 끈 것은 바로 '다른' 유전자라는 점이었습니다.

나와 유전자가 다른 사람을 찾는 것은 근친을 만나 발생할 수 있는 문제를 방지하려는 생물학적 배려도 있겠지만, 통합적 사회를 이끄는 메시지일 수도 있겠지요.

어쩌면 그렇게도 어울리지 않는 이성을 만나 주위의 온갖 반대를 무릅쓰고 결혼하더니 성격 차이로 티격태격 다투면서도 부부의 연으로 살아갑니다.

이렇게 부부의 연도 다른 유전자가 끄는 힘에 의해 이루어지나 봅니다. 그냥 자기와 비슷한 성격을 만나 살면 좋을 것도 같은데, 우리는 본질적으로 나와 다른 사람을 받아들이고 살게 되는 게지요. 이는 부부 관계뿐 아니라 친구 관계에서도 나타납니다. 왠지 자신과 비슷한 성격의 사람과 함께 있으면 익숙하고 편한 점도 있지만 갑갑해지는 점도 있지요.

요샛말로 "느낌 아니까"라는 느낌은 바로 나와 유전자가 다른 것을 찾고 있는 것 아닐까요. 그것은 혹시 그렇게 함께 어울려 살라는 조물주의 가르침일지도 모릅니다. 끼리끼리만 살지 말고 나와 다른 사람과도 어울려 살라는.

점차 끼리끼리 모여, 나와 다른 냄새 나는 사람을 배척하는 사회적 분위기를 요즘 너무 강하게 느낍니다. 건강한 사회는 나와 다른 유전자와 자연스럽게 어울리는 사회이겠지요. "우리가 남이가"라는 말이 동향이나 동문 사람들끼리 은밀히 소곤대는 '닫힌' 말이 아니고, 다른 냄새를 가진 사람에게 손 벌려 외치는 '열린' 말이기를 바랍니다.

같은 냄새 나는 셔츠를 입은 사람끼리만 문 닫힌 방에 모여 있으면, 그 방에 있는 사람들은 모르지만, 그 방에서는 썩은 냄새가 나니 말입니다.

콩 하나도 빌린 것인데

콩을 심을 때는 세 개를 심으라고 합니다. 풀무원 창업자 원경선의 말입니다. 하나는 땅속의 벌레 몫으로, 하나는 하늘을 나는 새 몫으로, 나머지 하나가 사람 몫이라는 것이지요. 그런데 애초에 그 하나도 제 몫은 아니지요. 우연히 제 손에 들어온 씨앗일 뿐이지요. 감사하게도.

지난주, 북한산에 갔습니다. 바위에 걸터앉아 울울창창한 산을 감상합니다. 우리나라 최고 부자라는 사람의 집 마당도 이보다는 넓지 않지요. 마당의 나무도 이보다 우람하진 못할 테고, 이보다 큰 바위도 없을 테지요. 그러고 보니 이 근사하고 드넓은 정원을 마음껏 누리고 있는 제가 더 큰 부자이군요. 자연은 길을 나선 이의 것이라고 하지요.

차경借景, 풍경을 빌려온다. 우리 조상들은 경치를 소유하는 것이 아니라 잠시 빌려서 즐긴다는 멋진 표현을 차경이라는 단어에 담습니다. 그리고 자신이 머무는 곳에 멋진 풍경을 빌려왔지요. 전통 가옥의 문틀을 통해 보이는 풍경이나 정자에서 보이는 풍경.

산은 그대로 거기에 있습니다. 그곳을 보는 사람에게 그것은 그이의 풍경이지요. 그 사람의 것은 아니지만 그 순간 온전한 그 사람의 것입니다.

인생에서 중요한 것들은 다 공짜지요. 공기, 물, 하늘, 별, 달, 바람. 모두 공짜입니다. 그 공짜가 주어져도 다 빌리지 못하고 살아갑니다. 잘 빌리는 사람이 부자입니다.

더 넓혀서 생각해 보면 몸도 빌려 쓰는 겁니다. 수십 년 빌려 쓰다 흙으로 돌려주고 가는 것이 삶이지요. 그러니 그 빌린 것 함부로 막 쓰지 않고 곱게 빌려 쓰다 돌려주어야지요.

빌린 콩 심을 때도 하늘의 새와 땅속 벌레를 생각하라는 가르침을 가슴에 새깁니다. 그 콩도, 그 콩을 심는 이 몸도 다 빌린 것이니까요.

빌어먹는 삶

우리는 누구에게 빌어먹고 사는가?

"빌어먹다니, 내가 왜 빌어먹어. 내 돈 내고 내가 밥 사 먹지, 걸인도 아닌데 내가 왜 빌어먹어. 무슨 소리 하는 거야?"

이렇게 타박할 사람도 있겠지요. 그렇지요. 걸인이나 빌어먹지요. 보통사람들이 빌어먹는 것과 무슨 관계가 있겠어요. 하지만 빌어먹는 것을 지향하는 사람이 있지요.

그래요. 탁발托鉢하는 사람이 바로 빌어먹는 사람입니다.

맡길 탁托, 바리때 발鉢. '바리때'는 스님의 밥그릇을 의미하니, 탁발은 승려의 밥그릇을 맡긴다는 말입니다. 밥그릇을 내밀어 밥을 빌어먹는 걸식을 말하지요. 승려는 끼니마다 남에게서 빌어먹으라는 것입니다. 석가모니는 제자들과 함께 발우를 들고 인가에 가서 차례로 빌어 와서 먹었다고 하지요.

우리나라에서는 걸인처럼 집집이 돌아다니며 탁발을 하는 승려를 찾아보기 힘들지만, 신도들의 도움으로 승려들이 살아가는 것은 크게 차이가 없지요. 그러니 승려의 삶은 기본적으로 누군가에게 빌어먹는 삶이랄 수 있지요.

승려 말고 다른 사람은 그렇지 않나요? 목사와 신부도 신자들의 도움으로 밥을 해결하니 빌어먹는 삶이겠지요. 신자들의 헌금으로 교회는 운영되고, 목사와 신부의 생활비도 거기에서 나오지요.

생각을 더 확장해 볼까요. 의사는 환자에게 빌어먹고, 변호사는 사건 의뢰인에게 빌어먹고, 사장은 직원에게 빌어먹고, 국회의원이나 대통령은 국민에게 빌어먹는 삶이지요.

빌어먹는 것을 걸식乞食이라고 하지요. 여기서 乞은 흔하게는 '빌 걸'로 읽힙니다만 종종 '줄 기'로도 읽힙니다. 그렇다면 대체 빌어먹는 것과 주는 것이 어떻게 연결될까요? 하긴 빌어먹으려면 누군가 주어야 하니, 빌어먹는 것과 주는 것은 뗄려야 뗄 수 없는 관계이겠지요.

재미있는 것은 걸乞자는 기운 기气의 본자本字라고 하니, 빌 걸乞의 기본은 기운이란 의미에서 나왔나 봅니다. 얕은 지식으로 빌어먹는 것에 왜 기운이 연결되어 있는지 감히 그 뜻을 헤아리기 어렵지만 어쨌든 어떤 연결고리가 있겠지요. 어쩌면 그 연결고리는 세상의 모든 기운은 빌어서 온 것이라는 뜻이 아닐까도 싶습니다.

세상은 나 혼자의 힘으로는 할 수 있는 것이 거의 없지요. 내가 먹고 있는 밥도 누군가 일 년간 농사를 지은 쌀이고, 내가 먹는 김치도 누군가 밭일한 배추이지요. 누군가의 노동으로 생산된 먹을

거리를 우리는 하루하루 먹고 살지요. 실물이 아닌 돈의 흐름을 볼 때도 마찬가지입니다.

그러므로 사장은 직원이 창출한 노동 가치로 살아가는 것이고, 의사는 환자의 진료비로 살아가는 것이고, 대통령은 국민의 세금으로 월급을 받고 살아가지요.

그러니 성직자만 걸식하는 것이 아니라, 우리도 직간접적으로 누구에게 빌어먹고 사는 것이지요. 어쩌면 세상에서 살아간다는 것은 누군가에게 빌어먹고 사는 것이 아닐까요.

그렇다면 우리는 모두 빌어먹고 사는 존재, 즉 걸인乞人이지요.

오늘 하루 당신은 누구에게 빌어먹었나요? 그분에게 고개 숙여 감사를 직접 전하지 못했다 하더라도, 잠시 눈 감고 나에게 무엇인가를 주는 이가 누군가를 생각한다면 세상은 달라지겠지요.

함께 본다는 것의 경이로움

두꺼비를 보신 적 있나요?

어릴 때 어느 숲속 숙소에서 나오다가 난생처음 만난 두꺼비. 저를 쳐다보고 있는 커다란 두꺼비가 너무 무서워 한참 발걸음을 뗄 수가 없었습니다. 숙소로 다시 돌아오는 길에 그 두꺼비가 그대로 있을까 봐 두려웠지요. 그 기억이 지금도 남아 있는 것을 보면 어린 나이에 꽤 무서웠나 봅니다.

사실 우리가 잠시 머문 숙소가 있는 숲에 살고 있는 두꺼비가 불청객이 아니고, 두꺼비가 사는 숲에 갑자기 들이닥친 제가 불청객이겠지요. 안드레아스 베버도《모든 것은 느낀다》에서 내 시선에 반응하는 존재를 통찰하는데, 거기 두꺼비가 나옵니다.

"아무리 단순한 생물이라도 기계가 아니라는 것을 어떻게 증명할 수 있을까? 두꺼비를 살펴보라. 뭔가가 당신의 시선에 반응하고 있다는 것을. 당신의 맞은편에 뭔가가 서 있다는 것을. 사물도 물건도 아닌. 살아있는 뭔가가 당신과 마주하고 있다는 것을."

두꺼비도 생명을 가진 존재로서 자기 삶을 살아가지요. 두꺼비의 삶에서 저는 그날 하루 잠시 출연한 단역이겠지요.

초등학생 때 한동안 꽤 긴 거리를 버스 타고 다녔습니다. 집은 남산 아래였는데 학교는 서울 끝 한구석에 있어서였지요. 버스 창문 속에서 바깥을 쳐다보며 여러 생각이 들곤 했습니다.

'저 사람들은 도대체 어딜 저렇게 가고 있을까?'

문득 세상은 내가 주인공이 아니고, 타인은 조연이 아니고, 주위 건물과 자동차는 배경 세트가 아니라는 생각이 들었습니다. 타인의 삶에 나도 조연이고, 간혹 지나가는 행인이 될 수도 있다는 깨달음은 충격이었습니다.

버스 밖 사람에게 나는 잘 보이지도 않는 버스 안에 있는 사람에 불과하구나. 내가 지나가고 나면, 내 눈 밖에 벗어나면, 버스 밖 사람은 그냥 멈추어 쉬고 있을 엑스트라 배역이 아니고 저 사람도 나처럼 어딘가 가고 있고, 저 사람의 하루를 살아가고 있구나 하는 생각을 했지요. 그러한 인식은 나와 너의 관계를 새롭게 합니다.

졸업하고 사회에 나와 보니 두 부류의 사람들을 만나게 됩니다. 어떤 사람들은 세상을 볼 때 주위 사물과 사람을 그저 자신의 배경물이나 객체로만 보지요. 그들은 자신만이 주체라 생각하고, 세상은 자신이 중심이 되는 배경이라고 생각합니다.

또 어떤 사람들은 주위 사물이나 사람이 배경이 아닌 주체가 될 수 있다는 것을 깨닫지요. 아니, 받아들이지요. 자신이 세상에 나와 남들의 배경이나 객체가 될 수 있다는 것을.

마크 네포도 《고요함이 들려주는 것들》에서 "함께 본다는 것"
의 경이로움을 말하는군요.

"내가 본 것을 다른 누군가도 보고 있음을 발견하는 것은 놀라
운 일이다. 그때마다 나는 언제나 나의 길, 나의 산이라고 생각한
것이 사실은 모두의 것임을 겸허히 깨닫는다."

나무가 지구의 주인이라고?

"지구의 주인은 나무 같아."

언젠가 매형이 혼잣말인 듯 제게 한 말입니다. 나무가 지구의 주인이라고? 충격이면서도 한편 그럴 수 있겠다 싶었습니다.

우리가 도시의 건물 벽에 살고 아스팔트 위를 지나치니 인간이 지구를 덮고 있고 주인이라 생각하지만, 조금만 높이 올라 땅 아래를 내려다보면 생각이 달라집니다. 비행기 창문에서 내려다보면 인간의 밀도가 높다는 한국의 땅덩어리도 나무가 대부분을 덮고 있지요. 인간이 구석구석 누비고 다닌다 해도 깊은 산 속 대부분은 인간의 발길을 한 번도 허용하지 않은 그들만의 공간이 자리 잡고 있습니다.

언젠가 나와 비슷한 생각을 하는 사람의 글을 접하고 반가웠습니다. 동물행동학자 최재천은 이렇게 말합니다.

"우리는 이 세상 모든 걸 동물의 관점에서 바라본다. 그래서 이 지구를 우리가 지배하고 있는 줄 안다. 하지만 지구는 엄연히 식물의 행성이다. 우리는 종종 밭을 갈아엎고 나무를 베어내며 우리가 이 지구를 호령하며 사는 줄로 착각하지만 식물은 우리를 가

소롭다 한다. 지구에 살고 있는 모든 동물의 무게를 다 합한다 해도 식물의 무게에 비하면 그야말로 '새 발의 피'다. 지구는 단연 식물이 꽉 잡고 있는 행성이다."

나무는 언제 봐도 그 자리에 그대로 서 있습니다. 움직이지 못해 얼마나 답답할까 생각해 보기도 하지만, 나무 입장에서 보면 저를 이해할 수 없겠지요.

'뭐가 그리 급하다고 저리 출랑거리며 돌아다닐까?'

인간의 시계와 나무의 시계는 다를 뿐이지 나무도 성장하고 움직이겠지요. 나무의 시간은 천천히 흐를 뿐이지요. 천천히 가는 시간만큼 나무의 삶도 길게 흐릅니다.

인간은 백 세도 제대로 못 살고 삶을 마치지만 나무는 그러한 삶과 죽음을 더 긴 세월 쳐다보기도 합니다. 말없이.

우리의 시간과 나의 시간

MT가 무엇인지 아세요? MT 하면 멤버십 트레이닝, 즉 단합 모임 행사가 생각나지요. 아니요, 그런 MT 말고요. 그럼 OT는 무엇인지 아세요? OT는 오리엔테이션의 줄임말 아니냐고요. 아니에요. 오늘 이야기를 나누고 싶은 MT와 OT는 그런 것이 아니고, 시간의 MT와 OT를 말합니다.

우리가 살아가는 시간은 두 가지로 나뉩니다. MT와 OT이지요. MT는 나의 시간my time이고, OT는 우리의 시간our time입니다. 처음 듣는다고요? 그렇겠지요. 제가 지은 줄임말이니.

삶의 시간에서 나의 시간의 반대말을 무엇이라 부를까 생각해 보았습니다. 나의 시간의 반대말이니 너의 시간? 너의 시간도 될수 있지만, 나와 관계된 시간은 순수한 너의 시간이 아니라 너와 관련된 OT가 나와 관련된 또 하나의 시간 영역이라 할 수 있지요. 가만히 삶을 들여다보세요. 나 홀로 있는 MT 외에는 누군가 관계를 맺으며 살아가는 OT가 있습니다.

우리가 낮 동안 직장에서 보내는 대부분 시간은 OT라 할 수 있

지요. 일과 후 친구들과 맥주 한잔하며 보내는 시간도 OT라 할
수 있습니다.

MT와 OT를 명확히 구분하기 어려울 때도 많지요. 혼자서 TV
를 보거나 인터넷을 하고 있다면 MT인 것 같지만, TV나 인터넷
의 다른 사람들 이야기 속에 파묻혀 있다면 OT가 되겠지요.

이렇게 구분한다면 페이스북도 대표적인 OT가 아닐까요. 나의
시간이라기보다 우리가 함께 있는 시간. 그래서 페이스북에 빠져
있으면 시간 가는 줄도 모르고 지나가게 되지요. 페이스북에서 좋
은 말씀도 접하지만, 그 좋은 이야기들을 MT를 가지고 다시 되새
김질하지 않는다면 페이스북의 좋은 글은 그저 시끌벅적한 글자
의 흐름으로써 OT에 불과하지요.

OT는 의미가 없는 걸까요? 그렇지는 않겠지요. 작은 나라는 존
재보다 함께하는 우리라는 존재는 더 큰 일을 할 수도 있지요. 그
렇기 때문에 혼자 할 수 없는 일을 하도록 우리의 시간으로 운영
되는 단체나 조직이라는 형태도 생긴 것이겠지요.

하지만 나의 삶에서 OT에만 끌려다니다 보면 나의 내면을 들
여다보는 MT는 쪼그라들게 됩니다. 인생을 어떻게 살아가느냐는
우리에게 주어진 시간 중 MT와 OT를 어떻게 균형 있게 살아가
느냐의 문제이겠지요.

세상의 흐름은 그대로 놓아두었을 때, OT 속에 나 자신을 객홍
으로 빠뜨려 놓기 쉽지요. 그러므로 스스로가 시간의 주인이 되는

MT를 어떻게 확보하느냐가 중요합니다.

1만 시간 법칙은 어떤 경지에 이르기 위해서는 총 시간의 확보가 중요하다는 것을 강조합니다. 사람이 스포츠맨이 되었든, 기업가가 되었든, 학자가 되었든, 예술가가 되었든, 어느 분야에서 생산성 있는 프로가 되려면 MT를 얼마나 충분히 확보하느냐에 달렸지요.

시간은 돈처럼 벌어들일 수도 없습니다. 빌릴 수도 없습니다. 많은 자원이 한정적이지만, 시간은 누구에게나 하루 24시간이 주어집니다. 주어진 시간은 하루 24시간으로 같은데, 어떻게 MT를 확보할까요.

시간이라는 주제가 나오면 《시간을 정복한 남자, 류비셰프》 이야기가 생각나지요. 러시아 과학자 류비셰프는 생전에 70권의 학술 서적과 12,500여 장에 달하는 논문과 연구 자료를 남겼습니다. 이는 그의 왕성한 지적 호기심과 더불어 철저한 시간 관리를 통해 이루어졌지요.

류비셰프는 26세가 되는 1916년 1월 1일에 처음으로 일기를 통한 시간 통계 방법을 시작하여 1972년 세상을 떠나는 마지막 그날까지 56년 동안 단 하루도 빠짐없이 자신이 사용한 시간을 기록했습니다.

피터 드러커도 《프로페셔널의 조건》에서 시간 기록을 강조합니다. 그는 경영자들에게 각자가 자기 시간을 어떻게 사용하고 있는지에 대해 정확히 기록해 보라고 권유합니다.

피터 드러커는 여기에 한 가지를 더 강조합니다. 연속된 시간, 즉 시간 기록을 통해 파악한 자신의 통제 아래에 있는 시간을 연속적으로 묶는 '시간 통합'이 시간 관리의 마지막 단계라는 것이지요. 자투리 시간보다 연결된 시간을 어떻게 확보할 것인가. 프로와 아마추어의 차이점은 어쩌면 총 시간 투자의 차이도 있지만 연속된 시간의 투자가 얼마나 이루어졌느냐 여부로 나뉠 듯합니다.

누구에게나 주어진 시간은 하루 24시간으로 같은데, 시간을 기록하는 자에게 시간은 길어집니다. 길어진 시간 속에 그 시간들을 연결할 수 있는 시간 통합이 된다면, 많은 것을 생산하면서도 시간의 자유를 누릴 수 있겠지요.

MT와 OT 이야기를 하다가 시간 기록과 시간 통합의 이야기까지 넘어왔군요. 이야기를 정리해 볼까요.

메모지나 스마트폰에 MT와 OT를 구분해 적어 보세요. 하루하루 시간 기록 속에 나 자신이 OT 속에서 얼마나 객으로 헤매고 있는지도 알 수 있을 거예요.

MT를 가지세요. 내가 주인이 되어 나와 대화를 나누는 나의 시간, MT를 느껴 보세요.

몸 씻기와 마음 씻기

양치는 하루에 몇 번이나 하나요? 아침에 일어나서 한 번? 아침과 자기 전에 두 번? 점심 식사 후에도 거르지 않고 한다고요. 그러면 세 번? 아니면 자기 전에도 한 번 더하니 네 번?

어쨌든 양치는 매일 여러 번 합니다. 적어도 하루에 한 번은 꼭 하고, 대부분 두 번 이상 양치를 합니다.

그렇게 일과 중 꼭 챙기는 것이 있습니다. 양치도 그중 하나지요. 아침에 일어나 세수하는 것도 빼놓지 않는 일상이지요.

양치나 세수를 통해 입안과 얼굴을 깨끗이 하지요. 텁텁한 입안을 양치하고 나면 개운해집니다. 치아 건강을 위해 양치를 하지만, 양치하면 입안 전체가 깨끗해지고 기분도 상쾌해집니다. 만약 이삼일 양치를 못하는 상황을 상상해 보세요. 입안이 텁텁하고 입을 열면 입 냄새가 마구 풍기겠지요.

세수하는 것은 얼굴을 닦는 행위입니다. 눈곱만 떼면 될 것 같은데 매일 비누로 얼굴을 싹싹 문지릅니다. 꼭 매일 세수를 해야 하나 싶지만, 세수를 안 한 얼굴로 밖에 나가지는 않지요.

이렇게 매일매일 잊지 않고 하는 것이 있습니다. 오히려 매일 하지 않으면 뭔가 이상하지요. 그런데 매일매일 하기 쉽지 않은 것도 있네요.

규칙적인 운동도 쉽지 않지요. 운동은 시간도 걸리고 어딘가에 가서 해야 하는 번거로움이 있어 그럴까요. 그렇다면 맨손 체조나 팔굽혀펴기 혹은 스쿼팅은 집에서 잠시만 시간을 쏟아도 되는 것인데, 그것도 매일매일 하는 것이 참 어렵네요.

복잡한 마음을 평온하게 잡아주는 명상도 우리 정신 건강에 참 필요한 시간 같은데 매일매일 하기가 쉽지 않습니다. 차분히 호흡하면서 명상을 하고 나면, 잡념이 마구 떠올라 엉키고 무거워진 머리가 맑아집니다. 양치를 하고 나면 입안이 개운해지듯이 명상을 하고 나면 머릿속이 개운해집니다. 입안이 머릿속보다 더 중요한 것은 아닐 텐데, 양치는 매일 하면서 명상은 매일 하는 사람이 드물지요.

명상을 양치 정도만 할 수 있다면 우리 머릿속도 매일 아침 깨끗하게 리셋되어 시작될 거예요. 명상을 매일 5분만 하더라도 머릿속이 입안만큼 깨끗해지겠지요.

아침에 일어나 부스스한 얼굴로 칫솔을 드는 것처럼 그 자리에 잠시 앉아 숨을 고르게 쉬면서 짧은 명상으로 하루를 맞는다면 어떨까요. 더도 덜도 말고 그냥 양치하듯이.

한숨 돌리고

"어떻게 하면 누군가 나에게 자극을 주더라도 곧바로 동물처럼 반응을 보이지 않고 현명하게 대처할 수 있을까요?"

'교수를 가르치는 교수'로 알려진 조벽은 '6초의 기다림'이 필요하다고 말합니다. 이성과 감성이 조율되는 시간, 즉 머리와 가슴이 일치되어 조화를 이루고, 감정을 적절하게 표출하고 표현할 수 있는 능력이 발휘되는 시간이 6초라는 겁니다.

6초라면 길지 않은 시간이지만 분노하고 있을 때, 흥분했을 때 6초를 버틴다는 것은 쉬운 일이 아니지요. 6초 어떻게 버틸까요?

조벽은 그 방법을 제시합니다. 6초. 한 사람이 심호흡하는 시간이지요. 그러니 어떤 일에 부딪혔을 때 심호흡 한 번 쉬고 하라는 것입니다.

'그래, 한숨 돌리고 하자.'

그의 말을 접하고 한숨 돌리는 것을 생각해 보았어요. 한숨 돌린다는 것이 천천히 심호흡 한 번 하고 새롭게 돌려 대하라는 뜻에서 나온 것 같아서요.

길을 갑니다. 그 길이 험하고 경사도 만만치 않습니다. 땀도 나고 숨이 차고 심장은 박동치지요. 그때 한마디 "한숨 돌리고 가자."

한숨 돌리다. 참 좋은 말입니다. 한숨 돌리고 하세요. 숨을 헐떡거리고 누군가 달려와 이야기를 할라치면 사람들은 그에게 말합니다. "자네, 한숨 돌리고 하게나."

그렇게 한숨 돌리고 나면 마음이 진정됩니다. 누군가 격정적 상태에서 손을 부르르 떨며 말을 할라치면 사람들은 말합니다. "한숨 돌리고 하세요." 그렇게 한숨 돌리는 순간 자신의 격정이 진정됩니다.

누군가 눈물 뚝뚝 떨어뜨리고 어깨 들썩이며 이야기할라치면, 누군가 말합니다. "한숨 돌리고 이야기하세요." 그렇게 한숨 돌린 순간 슬픔에 치민 마음이 조금 가라앉은 상태가 될 수도 있겠지요.

찾아보니 영어에도 "한숨 돌리다"는 표현이 있군요. "Take a breather." 서양인들도 한숨 돌리는 것을 아나 봅니다.

한숨 돌린다. 말 참 기막히게 지었습니다. 말을 보면 사람의 생각 흐름을 엿볼 수 있지요. 한숨 돌린다. 숨 한 모금 깊게 들이쉬고 내쉬어 돌린다. 무엇을 돌린다. 내 맘을 돌린다. 그래서 한숨 돌린다는 말은 6초의 여유와 맞닿아 있습니다.

우리가 살아가면서 한숨 돌리고 무엇인가 한다면, 사람들 간의 싸움도 막을 수 있고, 심지어 분노의 살인도 막을 수 있을지 모르지요. 낙담과 자책에 파묻혀 극단적 결정으로 치솟는 것도 막을 수 있고, 심지어 자살도 막을 수 있을지 모릅니다.

연인이나 부부의 갈등으로 헤어짐을 생각했을 때 한숨 돌리고 나면 생각이 바뀔지 몰라요. 아이들을 가르치는데 여유 있게 한숨 돌리고 대하면 더 차분하게 가르침을 줄 수도 있고요.

6초. 짧지만 또 짧지 않고, 길지만 길지 않은 시간입니다. 그 6초가 우리를 충동적인 감정적 뇌에서 차분한 이성의 뇌로 돌아오게 할 수 있습니다. 어떤 상황을 맞닥뜨릴 때 싸움과 도피라는 이분법적 결정을 내리는 본능적 뇌를 흔히 파충류의 뇌라 하지요. 그 뇌는 악어에게만 있는 것이 아니고, 우리 뇌의 가장 아래 깊은 곳에 자리 잡아 우리를 간혹 악어와 같이 충동적이고 극단적으로 반응하게 합니다.

파충류의 뇌에서 벗어나기 위해 일단 "한숨 돌리고 시작합시다." 6초면 된다지 않습니까. 6초면 한숨 돌리기에, 충분합니다.

살면서 흔들리지 말 것

살면서 흔들리지 말 것이 두 가지 있습니다. 하나는 당신의 가슴이고, 하나는 당신의 눈입니다. 가슴이 흔들리면 마음이 흔들리고, 눈이 흔들리면 생각이 흔들리기 때문이지요.

우선 눈 이야기부터 해볼까요.

개그맨 이경규는 예능 프로그램에서 빠른 눈알 굴리기 재주를 보여 줍니다. 빠르게 굴리는 그의 눈만큼 그는 생각이 빠릅니다. 깊이는 어떨지 모르지만, 그의 순발력은 대단합니다. 하지만 우리는 어릴 때부터 이런 이야기를 들으며 살았습니다. "곁눈질하거나 옆으로 새지 말고 앞을 똑바로 보고 걸어라." 한눈팔지 말고 하나에 집중하라는 요구지요.

집중集中의 '모을 집集'은 나무木 위에 새隹가 모여서 앉아 있는 모습의 글자라 합니다. 새가 모여 있는 모습도 그려지지만, 저는 나무 위에 새가 지은 둥그런 새 둥지가 그려집니다. 나뭇가지 하나하나 부리로 모아 얼기설기 엮어 둥지를 만드는 모습을 보면 참, 새가 존경스럽기도 하지요. 이렇게 새는 놀라운 집중력으로 자신의 둥지를 만듭니다. 그리고 그곳에 알을 낳고 품어 새 생명을 탄생시키지요.

집중이란 글자는 이런 글자입니다. 눈이 이리저리 흔들리는 산만과는 반대에 있지요. 기도할 때도, 명상할 때도 촛불에 집중한다든지 한 점에 집중하는 것은 보는 초점을 한 곳에 모아 생각이 흐트러지지 않도록 하기 위한 것이겠지요.

그래서 생각이 많아지고 복잡해질 때는 우선 눈이 흔들리지 말고 집중하는 것이 필요합니다. 점에 집중할 것인지 선에 집중할 것인지는 그다음 일이니까요.

이제 가슴 이야기로 넘어가 볼까요.

명상이나 요가를 할 때 흔히 복식호흡을 말합니다. 복식호흡은 흉식호흡과는 달리 배를 들쑥날쑥하면서 호흡하지요. 하지만 이렇게 쉬면 평소 호흡과 달라 뭔가 어색해지고, 숨이 제대로 안 쉬어지곤 합니다.

이제 조금 다르게 쉬어 볼까요. 깊게 숨을 들이쉽니다. 물론 편한 대로 하면 돼요. 가슴을 팽창시키면서 산소를 몸에 채워 넣어 보세요. 그런데 여기에서 한 가지만 추가할게요. 가슴만 팽창시키지 말고, 가슴부터 공기를 채워 넣었으면서 몸 전체로 숨을 들이쉬어 보세요. 펭귄처럼 몸이 팽창되었다고요. 예, 좋습니다. 그렇게 하면 충분히 몸 전체로 공기를 맞이한 거예요.

해부학적으로 보면 복식호흡에서 배를 불룩하게 한 것이 중요한 것이 아니라 몸속 가슴과 배를 나누는 횡격막을 아래로 내리는 것이 더 중요하지요. 복식호흡은 배를 불룩했다 움츠렸다 하는 것이 아니라 횡격막을 밑으로 내려 숨을 들이쉬는 흉곽의 공간을 최대로 만드는 데 더 큰 의미가 있겠지요.

충분히 들이쉬었다면 이제 숨을 내쉬어 볼까요. 아 참, 이때 흉곽은 그대로 두고 내쉬어 보세요. 가슴은 흔들리지 말고 내쉬어 보세요. 그러면 방법은 단 한 가지에요. 팽팽했던 몸 전체에서 가슴을 그대로 두니, 복부만 들이 집어넣을 수밖에 없지요. 이렇게 숨을 쉬면 자세도 바로 섭니다.

어떤 이는 복식호흡을 하니 올챙이배가 되었다는데, 이렇게 가슴을 잡고 그대로 유지하면서 호흡을 하면, 가슴도 펴지고 등도 바로 서면서 배가 홀쭉하게 오히려 들어갑니다.

이제 내쉬었으니, 다시 들이쉬어야겠지요. 마찬가지로 가슴은 흔들림 없이, 숨을 들이쉽니다. 들이쉬니 몸은 다시 펭귄 몸처럼 팽팽해졌지요. 들숨과 날숨 사이의 멈춤도 느껴보세요. 들숨과 날숨 동안에 흔들리지 않는 곳이 어디지요. 맞아요. 가슴입니다. 날숨과 들숨 동안에 배는 들어갔다 나왔다 흔들리지만, 가슴은 흔들리지 않는 것이 바로 마음을 차분히 가라앉히고 깊게 내려앉는 호흡입니다.

복식호흡 하면 배꼽 아래 단전에 집중하라고들 말합니다. 하지만 샐리 캠튼은《명상-나에게 이르는 길》에서 '가슴의 장'을 강조합니다. 목 아래쪽의 U자형 뼈에서 손가락 8개 너비만큼 아래에 있는 가슴뼈 안쪽이 '가슴의 장'인데 거기에 의식을 모으도록 하지요.

저도 단전보다 '가슴의 장'에 집중하고, 그곳을 흔들리지 않게 하는 것이 호흡하기 더 편합니다.

아래 가슴에 처음 집중하여 호흡할 때는 이것이 기존의 복식호흡이 아니라 흉식호흡이 아닌가 싶기도 했는데, 오히려 이 부분에 의식을 모으면서 가슴이 흔들리지 않게 하니 호흡을 위해 흔들리는 몸의 부위는 가슴이 아니라 복부라는 것을 알아차리게 됩니다.

물론 단전에 집중하면서 자연스럽게 호흡이 잘 된다면 원래 하던 그대로 하면 되겠지요.

가슴이 흔들리면, 마음이 흔들립니다. 사람이 불안하거나 흥분되면 가슴이 흔들립니다. 우리는 불안하거나 흥분될 때 어깨를 들썩이며 가슴으로 얕은 호흡을 하지요. 깊은 복식호흡을 하지 못합니다.

살면서 우리는 여러 문제로 흔들리게 됩니다. 그때 눈과 가슴이 흔들리지 않도록 해 보세요. 생각과 마음이 흔들리지 않도록.

공황장애 환자에게 배우는 호흡법

"숨이 멈출 것 같아요. 죽을 것 같아요."

숨이 잘 안 쉬어지면 사람은 죽음이란 극도의 공포감을 맞게 됩니다. 산다는 것은 숨을 쉰다는 것이니, 숨이 안 쉬어지면 죽음이 가까이 와 있다는 의미로 다가오는 것이지요.

최근에 유명 연예인들의 인터뷰를 보면, 스타로서의 높은 인기와 더불어 공황장애를 겪었다는 이야기를 많이 듣게 됩니다. 대중적 인기만큼 무거운 스트레스가 어깨와 가슴을 짓누르고 있어서일 겁니다. 응급실을 찾는 공황장애나 과호흡증후군 환자들을 보면 이 죽음의 공포, 숨 멈춤의 공포를 이겨내기 위해 호흡을 더욱 열심히 합니다. 그 열심히 하는 호흡이 더 큰 독이 되어서 문제지만요.

공황장애나 과호흡증후군 환자의 호흡은 과합니다. 빠르게 쉬고 멈춤이 없지요. 우리 모두 한번 과호흡증후군 환자처럼 숨을 쉬어 볼까요.

일단 숨이 잘 안 쉬어지는 것 같으니 들숨을 깊게 들이마십니다. 여전히 숨이 막히는 것 같으니, 들숨과 날숨 사이의 잠시 멈춤도 없이 급하게 내쉬게 되지요. 숨이 차다고 느끼니, 내쉬자마자 급하게 들이쉬게 됩니다. 그리고 다시 멈춤 없이 내쉬었다, 바로 들이쉬게 됩니다. 이렇게 따라 쉬어 보셨나요. 우리도 이렇게 세 번만 호흡하면 숨이 목에서 '탁' 멈출 것 같은 느낌이 듭니다.

극도의 불안감을 느낄 때 호흡은 두 가지 특성이 있습니다. 첫째, 멈춤이 없습니다. 들숨과 날숨 사이의 멈춤이 없습니다. 둘째, 내쉬는 날숨이 들이마시는 들숨보다 짧습니다. 스스로 산소가 부족한 것 같으니 숨을 내보내는 것보다 공기를 들이마시려고만 하지요. 그래서 과호흡증후군 환자는 숨이 차다고 하는데, 응급실에서 검사해 보면 혈액 내 산소 포화도가 100%를 넘게 됩니다. 산소 과다 상태이지요. 몸의 항상성은 적절하게 유지되어야 하는데, 혈액 내 산소가 너무 많고, 이산화탄소가 너무 적으면 어지럽게 되고, 심하면 의식을 깜박 잃을 수도 있습니다.

그렇다면 우리는 공황장애 환자에게 무엇을 배울 수 있을까요?

공황장애는 극도의 불안 상태입니다. 죽음의 공포를 느끼는 상황이니 불안할 수밖에 없지요. 자율신경계로 따지면 불안을 이겨내기 위해 교감신경이 최고조로 활성화된 상태라고 할 수 있습니다.

반면에 명상하는 상태는 심리적으로 공황장애와 완전히 반대에 위치합니다. 극도로 평안한 상태, 즉 자율신경계의 부교감신경이 충분히 작동하여 신체와 마음에 안정을 줍니다.

불안의 극치인 공황장애 환자의 호흡 특성이 멈춤이 없고 내쉬는 날숨이 짧다면, 마음의 평안을 얻기 위해 우리는 그 반대의 호흡을 하면 되지요. 이렇게 공황장애 환자와 반대의 호흡법을 익힌다면 평안한 마음 상태를 가질 수 있습니다. 공황발작 호흡의 반대가 되려면, 들숨과 날숨 사이의 멈춤을 충분히 가지고, 내쉬는 날숨이 들이마시는 들숨보다 길게 쉬어 보세요.

이제부터는 '호흡'을 '호~~흐ㅂ'으로 쉬어 보세요. 날숨인 '호~~'의 길이가 들숨인 '흐'의 길이보다 길도록 하는 것입니다. 그럼 '흡'이 아니고 '흐ㅂ'은 무엇인가? 'ㅂ'은 멈춤입니다. '흐' 들이마신 다음 '(흐)ㅂ'의 멈춤 상태입니다. 충분히 들이마신 다음 '읍'이란 갑작스런 멈춤보다는 잠시 고요히 머무름의 시간을 갖는 겁니다. 그리고 다시 '호~~' 길게 내쉬고, '흐' 충분히 들이마신 후, 'ㅂ' 잠시 머무름의 시간을 갖는 것. 그것이 공황장애 환자와 반대로 하는 '호~~흐ㅂ'법입니다. '호흡'이란 단어에는 우리가 호흡하는 의미가 담겨 있는 듯합니다.

눈을 감고 세 번 이상 이렇게 여유를 가지고 숨을 쉬어 보세요. 이렇게 '호~~흐ㅂ' 하고 눈을 뜨면 안정된 또 다른 세상이 펼쳐져 있을 것입니다. 오늘도 바쁘게 '호흡호흡호흡' 하지 말고, 여유 있게 '호~~흐ㅂ' 하는 하루를 보내세요.

청촉후 명상

나를 온전히 느껴보시겠어요?

나라는 존재는 피부 안 작은 존재이지요. 넓은 피부 밖도 제대로 알고 느끼기 어렵지만, 피부 안 작은 존재인 나도 제대로 느끼고 알아차리기 어렵지요. 피부 안팎을 알아차릴 때 우리의 오감이 작동합니다.

시각, 청각, 촉각, 후각, 미각.

오감 중에서 항상 혹사하고 있는 시각인 눈은 잠깐 쉬도록 해 볼까요. 무엇인가 먹으면서 느끼는 미각도 잠시 미뤄둡시다. 무엇이 남나요? 그렇군요. 청각, 촉각, 후각. 그러면 이 '청촉후' 세 가지를 가지고 나를 온전히 느껴보지요. '청촉후 명상'이라 이름 붙여 볼까요.

우선 나의 피부 밖을 느껴 봅시다.

첫 번째 청각.

우선 눈을 감고 귀 기울여 보세요. 무슨 소리가 들리나요? 조용한 줄 알았는데 어떤 소리가 들리는군요. 그 소리를 귀 기울여 들어보세요. 그 소리를 듣다 보니 다른 소리도 들리네요. 그러면 그 소리도 들어보세요.

아무 소리도 안 들린다고요? 그러면 그냥 소리와 소리 사이, 백지 바탕 같은 무음의 고요를 느끼시지요. 충분히 숨을 들이쉬고 내쉬면서 충분히 피부 밖 소리를 들었다면 다음으로 넘어가 볼까요.

첫 번째 촉각.

우리 몸이 외부와 닿는 경계를 느껴보세요. 발바닥이 바닥에 닿아 있군요. 가만히 느껴보니 발가락 끝이 닿는 곳이 조금 차갑게 느껴지네요. 오래 앉아 있었더니 무릎 접히는 부분이 조금 불편하기도 하고요. 이 방이 다소 덥게도 느껴집니다. 그래요. 그렇게 피부 안팎 경계를 충분히 느꼈으면 다음으로 넘어갑시다.

첫 번째 후각.

숨을 천천히 들이쉬면서 냄새를 맡아볼까요. 어떤 냄새가 나요. 바닷가에 서 있다면 바다 냄새가 날 수도 있고, 깊은 산 속에 있다면 나무와 풀 냄새가 날 수도 있겠지요. 책이 많은 서재에 있다면 책 냄새가 날 수도 있겠지요.

아무 냄새도 안 난다고요. 그렇다면 그게 지금 이곳 공기의 냄새일 수도 있겠네요. 무슨 냄새가 나든 안 나든 천천히 숨 쉬면서 코로 들어오는 공기를 온전히 느껴보세요.

피부 밖을 청각, 촉각, 후각을 통해 충분히 느꼈다면 이제 피부 안으로 들어와 볼까요. 두 번째 '청촉후' 단계입니다.

두 번째 청각.

눈을 감은 상태에서 내 안에서 들리는 소리를 귀 기울여 보세요. 소리를 들으라고요? 환청이 들리면 정신병 아닌가요. 맞아요. 지하철 같은 공공장소에서 큰소리로 혼잣말을 하고 있다면 사람들은 그 사람의 정신 상태가 이상하다고 생각하겠지요. 하지만 우리도 소리를 내지 않을 뿐이지 혼잣말을 하면서 살아갑니다.

그걸 '생각'이라 하지요. 우리는 꼬리에 꼬리를 무는 생각에 파묻혀 살아가지요. 그 생각의 소리를 들어 보세요. '아, 나는 이런 생각을 하고 있구나.' '이제 이런 생각으로 넘어갔네.' 내면의 소리인 생각에 '-구나'를 붙여 귀 기울여 보세요. 이제 내 안에서 들리는 소리가 조금 잠잠해지면 다음으로 넘어가 보지요.

두 번째 촉각.

이제 피부 안에 촉을 세워볼까요. 오른쪽 목과 어깨 사이가 뻐근하군요. 머리가 다른 부위보다 조금 뜨겁게 느껴지네요. 좌측 아랫배가 조금 뭉치는 것 같기도 하고. 그렇게 몸 구석구석을 느껴보지요. 항상 나와 함께 해왔던 몸이지만 그렇게 자세히 느껴본 적도 거의 없을 거예요. 피부 안 내 몸을 충분히 느꼈다면 다음으로 넘어가 보지요.

두 번째 후각.

숨을 천천히 들이쉬고 내쉬면서 자신에게 어떤 향이 나는지 맡아볼까요. 향? 몸에서 맡기 어렵다면 감정 상태의 향을 맡아볼까요. 천천히 숨을 쉬면서 자신을 들여다보니 깊은 곳에 분노의 냄새를 맡을 수도 있겠군요. 우울로 가라앉은 무거운 상태인가요. 불안으로 예민한 상태인가요. 그 감정 상태가 뿜는 냄새를 충분히 맡아보세요. 그동안 무심했던 내 감정을 보듬는다는 마음으로 맡아보세요. 충분히 맡았으면 따뜻한 미소의 향기를 자신의 내쉬는 숨과 함께 세상에 내어보세요. 그 내쉼과 함께 자신의 얼굴도 평온한 미소가 담겨 있겠지요.

청촉후의 첫 번째 단계는 피부 밖의 세상을, 두 번째 단계는 피부 안의 세상을 느끼는 시간이겠지요.

각 과정마다 숨을 서너 번 쉬면서 해 보면 5~10분 걸릴 거예요. 하다가 다른 생각이 들어 마음이 다른 곳에 가 있으면 그걸 바라보고, 다시 돌아와 서너 번 숨을 쉬며 충분히 느끼고 다음 단계로 넘어가요. 바쁘 살아가는 우리는 이 짧은 시간도 제대로 느끼지 못하고 살아가요. 잠시의 여유인데.

'청촉후 명상'은 우리의 오감 중 혹사당하는 시각과 미각을 조금 쉬게 하고, '청각, 촉각, 후각'을 통해 세상과 내 안을 느끼고 들여다보는 시간입니다.

온전히 느끼시나요, 세상과 나를.

내알바 마음챙김

세상에 '내 알 바' 아닌 것이 어디 있나요. 다 '내 알 바'이지요. 오지랖 떨라는 게 아니고, 그저 숨 쉬면서 '내알바' 하면서 살자는 겁니다. 숨 쉬는 것도 알아차리지 못하고 허둥대지 말고 들숨과 날숨 알아차리며 살라는 말이요. 어떻게 알아차리면 될까요.

'내알바 마음챙김'이라 이름 지어 봤습니다. 마음챙김을 이렇게 저렇게 생각하다 보니 '내알바'로 정리되는 듯싶어 꺼내 봅니다. '내'는 내려놓기, '알'은 알아차림, '바'는 바라보기입니다.

첫째, 내려놓기.

내려놓기는 숨을 내쉬면서 하면 좋습니다. 자세를 바로잡고 앉아 눈을 감고 심호흡을 서너 번 하여 숨을 고르게 쉬어 볼까요. 이제 천천히 숨을 내쉬면서 '내려놓기'를 화두로 삼아보는 것입니다. 무거운 짐으로 억눌렸던 어깨도 편하게 내려놓는 느낌 들지 않나요.

그런데 무엇을 내려놓을까요. 여러 가지 내려놓을 수 있겠지만, 수없이 떠오르며 자신이 나의 주인 행사를 하려는 생각을 내려놓아 봅시다. 생각은 원숭이처럼 바쁘게 여기저기 오갑니다.

생각이 좋아하는 시제는 두 가지. 바로 과거와 미래입니다. 생각은 이미 지나간 과거에 머무르기를 좋아하고, 아직 오지 않은 미래에 먼저 가 있기를 좋아합니다. 과거에 머무르면서 부정적 생각 속에서 우울로 헤매게 만듭니다. 생각은 과거에 머무르기를 좋아하지만, 미래에도 자주 찾아갑니다. 미래에 머무르는 생각은 우리를 불안 속에 가슴을 억누르게 만들기도 합니다.

생각이 잘 가지 않은 시제는 현재입니다. 그러므로 내려놓기는 '지금 여기에' 내려놓기입니다. 지금 여기에 머무름은 우울 속의 과거와 불안 속의 미래 시제를 좋아하는 생각을 '지금 여기에' 내려놓는 시간입니다. 숨을 내쉬면서 내려놓으세요.

날숨과 함께 '지금 여기에' 내려놓기가 '내알바'의 첫 번째 '내' 단계입니다.

둘째, 알아차림.

알아차림은 숨을 들이쉬면서 하면 좋습니다. 숨을 들이쉬면서 입술 위 인중의 고랑을 타고 코로 올라가는 공기의 흐름을 느끼고 알아차려 보세요. 숨을 쉬면서 숨을 알아차리세요. 우리가 숨을 알아차려 본 것이 과연 언제였을까요. 우리는 무의식적으로 숨 쉬며 살아가고, 어떤 자극에 자동반사적으로 행동하면서 살아갑니다. 마음챙김은 정의하기 어렵지만, 마음놓침의 반대말로 이해하면 쉽습니다. 마음 놓치고 허둥대며 살지 말고 알아차리며 마음

챙기며 살자는 것이지요.

우리의 몸은 심장도 저절로 뛰고, 폐도 저절로 움직이고, 체온도 저절로 몸에 맞추어 조절됩니다. 병원에서는 신체 상태를 측정하는데 TPR이란 용어를 사용합니다. Temperature(체온), Pulse(맥박), Respiration(호흡수). 이 세 가지는 우리의 신체 상태를 나타내는 핵심 요소이지요.

우리는 평소에 이를 의식적으로 느끼거나 자기 마음대로 바꿀 수 없습니다. 체온을 마음먹은 대로 올리거나 낮출 수 있나요, 맥박을 마음먹은 대로 빨리 뛰거나 천천히 뛰게 할 수 있나요. 하지만 호흡은 평소에 무의식적으로 저절로 쉬고 있지만, 가끔 의식적으로 깊고 천천히 심호흡할 수도 있고, 잠시 스스로 숨을 멈출 수도 있습니다. TPR 세 가지 중 호흡은 스스로 조절할 수 있으며, 호흡이 조절되면 맥박이나 체온에도 영향을 주지요.

숨을 들이쉬면서 그 들숨을 알아차려 보세요. 꼭 숨만을 알아차릴 필요는 없습니다. 내 몸 어딘가에서 감각 신호를 주고 있는 것을 알아차릴 수도 있지요. 어딘가에서 통증이란 신호가 오면 그 통증 부위에 초점을 맞추어 알아차림을 할 수 있습니다. 하지만 처음에는 들숨 자체에만 알아차리는 것이 산만해지지 않고 집중할 수 있지요.

알아차릴 때는 '있는 그대로' 알아차려야 합니다. 자기 생각이나 자의적 해석으로 왜곡하지 말고, '있는 그대로' 알아차려야지요.

객관적 사실fact은 주관적 의견이나 자의적 해석과 다릅니다. 알아차림은 팩트 체크와 같이 '있는 그대로' 알아차리는 것입니다. 생각은 자칫 '있는 그대로'가 아닌 바꾸고 왜곡시키길 좋아하니, 생각이 끼어들지 않은 상태인 있는 그대로를 알아차려 보세요.

그러면 어떻게 알아차릴까요? 저는 '처음처럼'을 좋아합니다. 그런 마음가짐을 좋아하는 거죠. 우리가 무의식적 자동반사로 처리하는 이유는 그것이 반복적이고 익숙하다고 여기기 때문입니다.

하지만 세상에 똑같은 것은 하나도 없지요. 심지어 어제 본 제 아내도 오늘의 모습은 엄밀히 말하면 어제의 아내가 아니지요. 거울 속 비친 나도 어제의 내가 아닙니다. 육체적으로도 미세하게 달라졌을 터이고, 생각도 조금 변했겠지요.

변한 것이 없다고요? 아니 어제보다 오늘 (슬프지만) 조금 더 늙었을 테고, 어딘가에서 보고 주워들은 것으로 머릿속 생각도 조금 바뀌었을 겁니다. 불교의 '무상'은 세상에 항상 그대로인 것은 없다는 가르침을 줍니다.

아이는 '처음처럼' 호기심을 가지고 세상을 접하기 때문에 어른이 보면 별것 아닌 것에 재미를 느끼지요. 하지만, 어른은 세상을 이미 다 겪은 양, 항상 똑같은 것이 반복된다고 여기기 때문에 세상이 지루하고 지겹게 느껴지는 것이라 하지요. 그러니 이제 무엇을 볼 때 아이가 호기심 어린 눈망울로 주위를 바라보듯이 '처음처럼' 알아차려 보세요. 숨을 들이쉬면서 들숨을 처음 쉬는 것처럼 들숨을 천천히 처음처럼 알아차려 보세요.

들숨과 함께 '처음처럼 그대로' 알아차림이 '내알바'의 두 번째

'알' 단계입니다.

셋째, 바라보기.

들숨과 날숨 사이에 잠시 머무름이 있습니다. 공황장애와 같이 극심한 불안 상태에서 호흡은 몇 가지 특징이 있습니다. 불안하면 빠르고 얕게 숨을 쉬는데 내쉬는 숨이 특히 짧고, 들숨과 날숨 사이의 멈춤이 거의 없지요.

들이쉬는 숨만 빠르게 쉬는 호흡은 우리를 숨 막히게 합니다. 제대로 숨을 쉬려면 숨도 쉬어야 합니다. 제대로 숨을 쉰다는 것은 호흡한다는 의미에 들숨과 날숨 사이에 잠시 쉬는 것, 잠시 숨을 멈추어 머무르며 숨을 쉬는rest 것이 필요하지요.

알아차리며 충분히 숨을 들이쉬었다면 잠시 그대로 멈추어 보세요. 갑자기 '욱' 하고 숨을 참으라는 것이 아니고, 천천히 숨을 들이쉬었다면 저절로 들숨이 끝나는 점을 느껴보세요. 그리고 그곳에 잠시 머무르세요.

그 머무름에는 '고요'가 따라옵니다. '고요하게 머무르며' 바라보세요. 숨을 들이쉬며 알아차린 그곳을 고요히 머무르며 바라보세요.

불안할 때 우리의 몸은 두 군데가 흔들립니다. 가슴이 흔들리고 눈동자가 흔들리지요. 배우가 불안을 연기할 때 여기저기 눈동자를 굴리는 모습을 볼 수 있습니다. 얕은 숨으로 가슴이 진정이 안 되고 눈동자는 불안으로 주위를 살핍니다.

불안에서 벗어나려면 우선 이 두 부위가 흔들리지 말아야 하지요. 굳이 복식호흡이 아니더라도 될 수 있는 대로 가슴은 움직임이 적게 숨을 쉬어 보세요. 그리고 눈을 굴리지 말고 한 곳을 바라보세요. 특히 들이쉬는 숨이 끝나는 점을 알아차린 후 고요히 머무르며 바라보세요.

들숨과 날숨 사이의 멈춤 공간에서 '고요히 머무르며' 바라보기가 '내알바'의 세 번째 '바' 단계입니다.

내알바. 숨을 내쉬며 '내'려놓고, 숨을 들이쉬며 '알'아차리고, 들숨과 날숨 사이에 '바'라보기가 처음에 너무 복잡하다면, 한 가지 단계에만 집중하는 것도 한 방법입니다.

호흡 명상을 시작하며 처음에는 내쉬는 숨에만 집중합니다. 서너 번 날숨에만 집중하며 숨을 쉽니다. 여유가 있다면 열 번쯤 날숨에만 집중해 보세요. 숨을 내쉬며 '내려놓기'만 집중하는 것이지요. 이때는 날숨이나 멈춤에는 그냥 자연스레 숨을 쉬고 멈추는 것이지요. 충분히 숨을 내쉬고 '내려놓기'에 집중했다면, 다음으로 넘어갈까요.

이제 숨을 들이쉬며 '알아차림'에 집중합니다. 서너 번이든 열 번이든 각자의 상황에 맞추어 호흡의 한 단계에만 집중해 봅니다. 호흡의 전체 과정에서 들숨만 집중하는 것이지요.

마지막 단계는 들숨과 날숨 사이에 고요히 머무르는 바라보기 단계에 집중해 볼까요. 고요 속에 머무르는 평화로운 시간이지요.

'내알바'로 날숨과 들숨, 그리고 그사이 머무르며 바라보기를 하면서 호흡을 가다듬으면 마음도 차분해지는 것을 느낄 것입니다. 숨은 숨을 들이쉬고 내쉬는 것보다 어쩌면 들숨과 날숨 사이, 그 고요한 숨의 쉼(멈추고 머무름)이 더 중요할 수도 있겠군요.

단계별 호흡에 집중하는 데 자연스러워지면 '내알바'를 전체 호흡 과정에 맞추어서 해나갈 수도 있겠지요. 아니면 그냥 각각의 단계로 나누며 호흡을 마무리할 수도 있습니다.

이제 눈을 뜨고 세상을 바라보며, 알아차리고, 간혹 내려놓으면서 삶 속에서 '내알바'를 수행할 수도 있겠지요.

'내알바' 하면 뒤따르는 말은 지금까지 '내 알 바 아니다'라는 부정적인 말이었지요. 이제는 '내알바' 마음챙김도 한 번 시도해 보시기를.

할지 안 할지는 '내 알 바 아니지요.' 하긴 그건 그대의 알 바이지요.

들어오고, 머물고, 나가고

"우리는 날마다 인사를 합니다. 어디로 가십니까. 법문이지요."

작가 이외수의 이 짧은 글을 접하고 눈이 번쩍 뜨였습니다. 우리가 매일 하는 인사에 삶의 중요한 깨우침이 있구나. 하루에도 몇 번씩 사람들과 부딪히면서 하게 되는 인사에 법문이 담겨 있다니, 인사 하나하나가 그냥 할 말이 아니라는 생각이 들었지요.

우리나라 사람들이 흔하게 하는 인사에는 어떤 것이 있을까요?

아마도 "식사하셨어요?" "안녕하세요?" "어디 가세요?" 세 가지가 가장 흔한 인사일 거예요.

서양인 중에는 한국인의 인사법에 대해서 이상하게 생각하는 사람이 있는 듯싶습니다. 왜 남의 사생활에 관심을 가지고 매번 물어보느냐는 것이지요.

밥 먹었는지, 어디 가는지 시시콜콜 물어보는 것이 그들에게는 사적인 질문처럼 느껴지나 봅니다.

하지만 이 말들을 자세히 들여다보면 꽤 깊은 뜻이 담겨 있는 것 같습니다.

세상사는 입정출入停出, 즉 어떤 것이 들어와 잠시 머물렀다가 어디론가 나가는 것으로 설명됩니다.

"식사하셨어요?"

식사는 들어오는入 단계에 해당합니다. 외부의 생명체가 자신의 생명을 다른 생명체에 내어주지요. 그것이 먹는 것이지요. 우리는 물을 제외하고는 생명이 없는 무생물을 먹지 않습니다. 흙이나 돌을 먹지는 않지요.

어쩌면 생물학적 기준에는 맞지 않겠지만 이런 차원이라면 물도 생명을 가지고 있는지 모르겠습니다. 어쨌든 식물이나 동물이나 생명이 있던 것을 우리는 받아들이게 됩니다. 다른 생명이 우리 몸에 들어오는 것이 식사이지요.

"안녕하세요?"

안녕은 머무는停 단계라 할 수 있지요. 안녕安寧은 편안할 안安에 편안할 녕寧을 쓰지요. 편안함을 물어보는 두 글자가 합쳐져 '안녕'이 나옵니다. 안녕의 안安은 갓머리宀, 즉 집의 지붕 아래 여자가 고요히 앉아 있는 모습으로 평안해 보입니다. 재미있는 것은, 여女는 사람이 무릎 꿇고 깍지 끼어 신을 섬기는 모습이라는 겁니다. 원래 안安은 지붕 아래에서 신을 섬기는 의미였다지요. 안녕의 녕寧에도 갓머리宀 아래 심心과 명皿이 놓여 있습니다. 마음과 그릇이 담겨 있지요. 이 그릇을 음식의 의미로 받아들이기도 합니다. 지붕 아래 마음과 그릇이 밖으로 떠돌지 않고 있는 상태가 안녕의 녕寧입니다.

"어디 가세요?"

생명이 들어오고, 잠시 멈추었으니, 이제 어디로 가야 합니다. 출出의 단계이지요. 모든 만남은 떠남이 있고, 모든 태어남도 떠남이 있습니다. 우리도 어디론가 가야 하는 운명을 가졌지요. 우리에게는 자유의지가 주어졌기에 각자 자신의 길을 뚜벅뚜벅 걸어갑니다.

썰물로 빠진 백사장에 이름도 제대로 알 수 없는 작은 생명체들은 이곳저곳 돌아다니며 젖은 모래에 자취를 남기는 것을 한참들여다본 기억이 납니다. 왔던 곳으로 다시 돌아가기도 하고, 아직은 촉촉한 모래사장에 의미 모를 기하학을 남겨 놓지요. 밀물이되어 다시 바다로 돌아가며 그 자취는 사라집니다.

오늘도 우리는 어디론가 가고 있습니다. 가끔은 물어야겠지요. 누군가의 인사를 받지 않았다면, 스스로 물어야겠지요. "어디 가세요?"

들어와 머물렀으니 나가야 할 시간입니다. 오랜 시간 함께 머무르셨습니다. 이제 어디로 가실 건가요?

참고문헌

뇌 주름에 입력되고
글로 도움을 준 책들

틱낫한, 《마음에는 평화, 얼굴에는 미소》, 김영사, 2012.

홍신자, 《무엇이든 할 수 있는 자유, 아무것도 하지 않을 자유》, 명진출판, 2002.

나덕렬, 《앞쪽형 인간》, 허원미디어, 2008.

한상복, 《지금 외롭다면 잘 되고 있는 것이다》, 위즈덤하우스, 2011.

정현종, 《견딜 수 없네》, 문학과지성사, 2013.

그렉 맥커운, 《에센셜리즘》, 알에이치코리아, 2014.

게리 켈러 & 제이 파파산, 《The One Thing》, 비즈니스북스, 2013.

카네코 유키코, 《적게 소유하며 살기》, 라이카미(부즈펌), 2013.

김정운, 《남자의 물건》, 21세기북스, 2012.

강원국, 《강원국의 글쓰기》, 메디치미디어, 2018.

유시민, 《어떻게 살 것인가》, 생각의길, 2013.

존 맥스웰, 《사람은 무엇으로 성장하는가》, 비즈니스북스, 2012.

김정운, 《노는 만큼 성공한다》, 21세기북스, 2011.

장승수, 《공부가 가장 쉬웠어요》, 김영사, 2007.

스티븐 헤이스, 《마음에서 빠져나와 삶 속으로 들어가라》, 학지사, 2010.

김병후, 《너》, 나무생각힐링, 2012.

안드레아스 베버, 《모든 것은 느낀다》, 프로네시스, 2008.

마크 네포, 《고요함이 들려주는 것들》, 흐름출판, 2012.

다닐 알렉산드로비치 그라닌, 《시간을 정복한 남자, 류비셰프》, 황소자리, 2004.

피터 드러커, 《프로페셔널의 조건》, 청림출판, 2018.

샐리 캠튼, 《명상-나에게 이르는 길》, 한문화, 2012.

뇌를 들여다보니
마음이 보이네

가정의학과 의사가 전하는 뇌과학으로 마음 읽기

초판 1쇄 발행 2020년 9월 14일
초판 2쇄 발행 2020년 10월 23일

지은이 이상현
펴낸이 성의현
펴낸곳 미래의창

편집주간 김성옥
편집 한미리
디자인 윤일란
마케팅 연상희 · 안대근 · 김지훈 · 이보경

등록 제10-1962호(2000년 5월 3일)
주소 서울시 마포구 잔다리로 62-1 미래의창빌딩(서교동 376-15, 5층)
전화 02-338-5175 **팩스** 02-338-5140
ISBN 978-89-5989-681-3 03190

※ 책값은 뒤표지에 있습니다. 잘못된 책은 서점에서 바꿔 드립니다.

이 도서의 국립중앙도서관 출판예정도서목록(CIP)은 서지정보유통지원시스템 홈페이지(http://seoji.nl.go.kr)와
국가자료공동목록시스템(http://www.nl.go.kr/kolisnet)에서 이용하실 수 있습니다.(CIP제어번호: CIP2020035655)

미래의창은 여러분의 소중한 원고를 기다리고 있습니다. 원고 투고는 미래의창 블로그와 이메일을
이용해주세요. 책을 통해 여러분의 소중한 생각을 많은 사람들과 나누시기 바랍니다.
블로그 miraebookjoa.blog.me 이메일 mbookjoa@naver.com